OI

Oliver Geisselhart | Helmut Lange

Schieb DAS SCHAF

Mit Wortbildern hundert und mehr Englischvokabeln pro Stunde lernen

mvgverlag

Bibliografische Information der Deutschen Nationalbibliothek
Die Deutsche Nationalbibliothek verzeichnet diese Publikation in der Deutschen Nationalbibliografie. Detaillierte bibliografische Daten sind im Internet über **http://dnb.d-nb.de** abrufbar.

Für Fragen und Anregungen:
LaGeiss@mvg-verlag.de

3. Auflage 2012

Nymphenburger Straße 86
D-80636 München
Tel.: 089 651285-0
Fax: 089 652096

Redaktion: Petra Holzmann, München
Umschlaggestaltung: Kristin Hoffmann, München
Umschlagabbildung: Ralph Bittner, München
Satz: Grafikstudio Foerster, Belgern
Druck: GGP Media GmbH, Pößneck
Printed in Germany

ISBN Print 978-3-86882-258-8
ISBN E-Book (PDF) 978-3-86415-258-0
ISBN Epub 978-3-86415-292-4

Weitere Infos zum Thema

www.mvgverlag.de
www.facebook.com/mvgverlag.de
www.twitter.com/mvgverlag

100, 200 und mehr Vokabeln in nur einer Stunde lernen

Sie wollen VIELE Vokabeln in kurzer Zeit dauerhaft abspeichern? Sie wollen also 100 oder gar 200 oder noch mehr Vokabeln in nur einer Stunde lernen? Sie wollen dabei auch noch Spaß haben und sich amüsieren?

Vergessen Sie es! Das schaffen Sie nie! Das heißt: Das schaffen Sie nie mit den Lerntechniken, die Sie in der Schule beigebracht bekommen haben. Apropos: Lerntechniken – in der Schule? Haben Sie dort denn überhaupt gelernt, WIE Sie lernen sollen? Also wir nicht. Wir wussten nur, DASS wir lernen sollten. Aber eben nicht, WIE. Und so geht es 99,9 Prozent aller Menschen im deutschsprachigen Raum.

Zum Beispiel kam am Ende eines Gedächtnistraining-Vortrags ein Teilnehmer an den Signiertisch und wollte uns sprechen. Er sagte, er habe große Probleme damit, Fremdsprachen zu lernen. Wenn er eine neue Vokabel gelernt habe, vergesse er sie schnell wieder. Wir fragten ihn, wann er sie denn nicht mehr wüsste: nach zwei Tagen oder nach zwei Wochen? Daraufhin meinte er: »Nach zwei Sekunden!« Da mussten wir ein Schmunzeln unterdrücken. Denn dann hatte er die Vokabel wahrscheinlich nicht wirklich gelernt.

Solche Begebenheiten erleben wir, Helmut Lange und Oliver Geisselhart, immer wieder bei Vorträgen oder Seminaren. Die allerwenigsten Menschen können gut, sicher, schnell und dauerhaft Vokabeln lernen. Selbst Schüler, die ja voll im Training sind, lernen zwar bis zu 50 Vokabeln in einer Stunde, aber die behalten sie meist nur bis zur Klausur im Gedächtnis – Sie haben sie also nicht wirklich effektiv gelernt.

Was also tun?

Ganz klar: mit der richtigen Technik Vokabeln lernen! Und auf einmal geht es, ist es leicht, macht es sogar Spaß! Das ist nicht zu glauben und klingt komisch, ist aber so!

Sie sind nicht zu alt!

Nein, auch wenn Sie jenseits der 30 sind, selbst wenn Sie jenseits der 70 sind, funktioniert es bei Ihnen. Die einzige Voraussetzung ist: Sie sollten geistig normal gesund sein. Ihr Gedächtnis wird im Alter nicht schlechter, zumindest nicht spürbar. Ihr Gedächtnis wird nur schlechter, wenn Sie es nicht mehr benutzen. Wenn Sie allerdings auch im Alter noch geistig rege bleiben und sich etwas fordern, bleibt Ihr Geist sehr leistungsfähig. Gut, gemäß der Wissenschaft werden Sie etwas, aber auch wirklich nur etwas, langsamer, ansonsten sind Sie genauso leistungsfähig wie in jungen Jahren. Was noch wichtiger ist: genauso lern- und wachstumsfähig!

Dominic O'Brien wurde achtmal Gedächtnisweltmeister, zuletzt mit 44 Jahren. Würde er heute mit 54 Jahren bei der Weltmeisterschaft mitmachen, hätte er wohl noch immer gute Chancen. Aber wollen Sie Gedächtnisweltmeister werden? Die meisten Menschen wohl eher nicht. Gedächtnissportler merken sich zum Beispiel 2280 Zahlen in nur einer Stunde (Wang Feng aus China) oder 201 Vor- und Zunamen und Gesichter in nur einer Stunde (Boris-Nikolai Konrad aus Deutschland) oder 1456 Kar-

ten in der richtigen Reihenfolge (Ben Pridmore aus England). Gut, das braucht kein Mensch, aber die können's! Sie werden gleich bei der ersten Übung merken, dass es auch bei Ihnen funktioniert. Sie merken sich sofort bei dieser ersten Übung circa 20 Vokabeln in nur vier bis fünf Minuten!

Du bist auch nicht zu jung!

Auch wenn du gerade erst mit der Schule beginnst, funktioniert diese tolle Lerntechnik bei dir ebenso. Die junge Lara Hick stellte mithilfe dieser Technik im Jahr 2004 in der Gruppe der Acht- bis Zwölfjährigen einen Weltrekord auf: Sie merkte sich **in nur fünf Minuten 42 Vokabeln**!

Das wären nach Adam Riese ganze **504 Vokabeln in nur einer Stunde!**

Unglaublich? Natürlich! Aber wer kein Handy kennt, findet es auch unglaublich, dass man damit mit Menschen sprechen kann, die Tausende Kilometer weit weg sind. Du wirst gleich bei der ersten Übung merken, dass es auch bei dir funktioniert. Du merkst dir sofort bei dieser ersten Übung circa 20 Vokabeln in nur vier bis fünf Minuten!

20 Vokabeln in fünf Minuten

Okay, legen wir los. Just do it!

Lesen Sie den unten stehenden Text aufmerksam durch. Stellen Sie sich jede der zehn Szenen bildhaft vor. Auf der Leinwand

Ihres Kopfkinos sollten Sie die Situationen so sehen, als hätten Sie sie gerade eben tatsächlich beobachtet. Am besten funktioniert das, wenn Sie direkt nach dem Lesen jeder Szene die Augen schließen. Verweilen Sie pro Szene beziehungsweise Bild circa fünf bis zehn Sekunden. Lassen Sie auch die Gefühle zu, die Sie hätten, wenn Sie die Szene in Wirklichkeit erleben würden. Wenn Sie alle zehn Szenen »verbildert« haben, werden Ihnen Fragen gestellt, die Sie dann beantworten sollen.

Nun geht es los:

1. Wenn man mit dem **Zauberstab** die **Wand** berührt, kann man durch diese hindurchgehen.
2. Meine **Zunge** ist mit See**tang** umwickelt.
3. Kommissar **Derrick** hängt an einem **Lastkran**.
4. Auf der **Totenbahre** steht ein **Bier**.
5. Weil er zu viel **Koffein** pur zu sich nahm, landete er direkt im **Sarg**.
6. Ein **Meerschweinchen** rennt in einem **Käfig** herum.
7. Drei **Frau'n** haben **Stirnrunzeln**.
8. Ein **Ruder** mit einem **Ohr** als Ruderblatt.
9. Claudia **Schiffer zittert** am ganzen Körper.
10. Am **Flaschenzug** hängt ein **Pulli**.

Wenn Sie wirklich jede Szene deutlich im Geiste gesehen haben, beantworten Sie bitte folgende Fragen:

1. Was steht auf der **Totenbahre**?

   ____

2. Wer hat **Stirnrunzeln**?

   ____

3. Wer **zittert** am ganzen Körper?

4. Wo rennt das **Meerschweinchen** herum?

5. Wer hängt am **Lastkran**?

6. Was hat das **Ruder** als Ruderblatt?

7. Warum landete er im **Sarg**?

8. Womit ist meine **Zunge** umwickelt?

9. Was muss ich mit dem **Zauberstab** berühren?

10. Was hängt am **Flaschenzug**?

Nun, wie viele Antworten haben Sie richtig? Bei mehr als sieben Richtigen dürfen wir Ihnen gratulieren. Bei weniger als sieben können wir Ihnen Mut zusprechen, denn: Man kann diese Lerntechnik verbessern und optimieren.

Hiermit haben Sie schon die ersten Vokabeln gelernt. Ja, tatsächlich! Denn wenn Sie wissen, was am Flaschenzug hängt

(genau: ein Pulli), dann wissen Sie auch, was Flaschenzug auf Englisch heißt: pulli (= pulley)! Und Totenbahre heißt demnach? Genau: bier. Es wird sogar genauso geschrieben. Und wenn Sie noch wissen, wer am ganzen Körper zittert, haben Sie auch diese Vokabel gelernt: Denn »zittern« heißt auf Englisch »to shiver«.

Sollten Sie also alle zehn Antworten gewusst haben, haben Sie zehn Vokabeln gelernt!

Gleich weiter geht's mit noch einmal zehn Kopfszenen. Sehen Sie diese bitte auch wieder so wie gerade vor Ihrem geistigen Auge.

1. Der **Gefängnisdirektor** ist ein richtiger Wadenbeißer und beißt allen Insassen in die **Waden**.
2. Beim **Schäfer scheppert** das Essgeschirr, wenn er läuft.
3. Stan **Laurel** (der »Doofe« von »Dick und Doof«) hat einen **Lorbeer**kranz auf dem Kopf.
4. **Männer**, die keine **Manieren** haben.
5. Der liebe Gott schreibt seine Memoiren und überlegt sich ernsthaft, ob er den **Menschen erwähnen** soll.
6. Immer wenn Kinder in einen **Snickers**-Schokoriegel beißen, fangen sie zu **kichern** an.
7. Der Hund **bellt**, wenn er mit einem **Gürtel** geschlagen wird.
8. Von der **Fliese/Kachel** ist ein **Teil** abgebrochen.
9. Tarzan schenkt **Jane** eine **Kette**.
10. Im **Frühling** werden wieder alle **Spring**brunnen eingeschaltet.

Und jetzt beantworten Sie bitte diese Fragen:

1. Wohin beißt der **Gefängnisdirektor** allen Insassen?

___

2. Wenn der **Schäfer** läuft, dann ... sein Essgeschirr.

___

3. Wer hat die **Lorbeeren** auf dem Kopf?

___

4. Wer hat keine **Manieren**?

___

5. Der liebe Gott schreibt seine Memoiren. Wen, überlegt er, soll er überhaupt **erwähnen**?

___

6. Was müssen Kinder essen, damit man sie zum **Kichern** bringt?

___

7. Was tut der Hund, wenn man ihn mit dem **Gürtel** schlägt? Er ...

___

8. Was ist von der **Fliese/Kachel** abgebrochen?

___

9. Wem hat Tarzan eine **Kette** geschenkt?

___

10. Was wird im **Frühling** wieder eingeschaltet?

___

Na? Wie viele Antworten wussten Sie diesmal? Vielleicht mehr als sieben? Vielleicht weniger? Auf jeden Fall dürften es für's Erste gar nicht so wenige gewesen sein. Wenn Sie Ihr Kopfkino gut im Griff hatten, müsste es geklappt haben.

Auf jeden Fall haben Sie gerade eben Vokabeln gelernt. Eventuell haben Sie bemerkt, dass Sie gerade Englischvokabeln gelernt haben, vielleicht haben Sie es aber auch nicht bemerkt.

Vergleichen Sie nun Ihre Antworten mit den im Folgenden angegebenen »möglichen Antworten«. In der Spalte »Englisch« sehen Sie die Übersetzung des deutschen Wortes, daneben – in der Spalte »Aussprache« – eine etwas merkwürdige Lautschrift, die Ihnen aber mehr bringt als die Lautschrift, die in Schulbüchern und Wörterbüchern verwendet wird. Bei »Aussprache« steht die englische Vokabel genauso in Deutsch geschrieben, wie sich diese anhört. »Totenbahre« zum Beispiel heißt auf Englisch »bier«. Ausgesprochen wird es »biä«. Und »biä« klingt wie »Bier« – also das Bier zum Trinken. Gut, hier sieht die Schreibweise des englischen Wortes genauso aus wie das deutsche Wort »Bier«.

Auf der Totenbahre steht ein Bier. – Unser Gedächtnis findet solche Bilder spannender als die bloßen Begriffe. Der Trick ist also, die Vokabel als Bild mit der entsprechenden Übersetzung als Bild zu verknüpfen. Verknüpfen bedeutet hier: beide Bilder in ein Bild, in eine Szene oder in einen Film zu integrieren. So wollen Sie »Totenbahre« auf Englisch sagen und sehen sofort, weil verknüpft gelernt, das darauf stehende »Bier«. Und schon haben Sie die Übersetzung. In den meisten Fällen läuft dieser Bilderabruf unbewusst und sehr schnell ab. Dies werden Sie schon bald selbst merken.

»Stirnrunzeln« heißt auf Englisch »frown«. Ausgesprochen wird das Wort »Frau'n«, also umgangssprachlich, schnell gesprochen wie mehrere »Frauen«. Und weil wir beides wieder in ein Bild für unser Gedächtnis integrieren müssen, stellen wir uns einfach ein paar **Frau'n** mit **Stirnrunzeln** vor. Das ist leicht, schnell gemacht und bleibt im Gedächtnis!

Deutsch	**Mögliche Antwort**	**Englisch**	**Aussprache**
Totenbahre	Bier	bier	biä
Stirnrunzeln	Frauen/ Frau'n	frown	fraun
zittern	Claudia Schiffer	shiver	schiwwä
Meerschweinchen	Käfig	cavy	käivi
Lastkran	Derrick	derrick	därrik
Ruder	Ohr	oar	oäh
Sarg	Koffein	coffin	cafin
Zunge	(See)Tang	tongue	tang
Zauberstab	Wand	wand	wohnd
Flaschenzug	Pulli/ Pullover	pulley	pulli
Gefängnisdirektor	Waden	warden	wohden
Schäfer	scheppert	shepherd	schäppärd
Lorbeeren	Stan Laurel	Laurel	lohrel
Manieren	Männer	manners	männä
erwähnen	Menschen	mention	menschn
kichern	Snickers/Schokoriegel	snicker (snigger)	snickä
Gürtel	bellt	belt	belt
Fliese/Kachel	Teil	tile	tail
Kette	Jane	chain	tschäin
Frühling	Springbrunnen	spring	spring

Unglaublich: Sie haben gerade mal so nebenbei 20 Vokabeln gelernt und wissen diese morgen auch noch – ohne sie zu wiederholen!

Testen Sie sich doch gleich einmal richtig! Tragen Sie die entsprechenden Vokabeln in die unten stehende Liste ein und vergleichen Sie Ihre Einträge dann mit den Tabellen weiter vorne. Auf die richtige Schreibweise brauchen Sie jetzt noch nicht achtzugeben. Hier ist erst einmal wichtig, dass Sie die Vokabel sprechen können. Folglich können Sie auch unsere Spezial-Lautschrift verwenden.

Deutsch	**Mögliche Antwort**	**Englisch**	**Aussprache**
Totenbahre			
Stirnrunzeln			
zittern			
Meerschweinchen			
Lastkran			
Ruder			
Sarg			
Zunge			
Zauberstab			
Flaschenzug			
Gefängnisdirektor			
Schäfer			
Lorbeeren			
Manieren			
erwähnen			
kichern			

Deutsch	Mögliche Antwort	Englisch	Aussprache
Gürtel			
Fliese/Kachel			
Kette			
Frühling			

Der Aha-Effekt

Wenn Sie jetzt verwundert sind, dass Sie so viele Vokabeln so einfach behalten haben, dann ist das absolut normal. Fragen Sie sich nun: »Warum hat mir das bis jetzt noch niemand beigebracht?« – Kein Englischlehrer, kein Pädagoge, auch nicht Ihre Eltern haben Ihnen wahrscheinlich gezeigt, wie man Vokabeln schneller und nachhaltiger lernt. Sie sehen also: Dieses Buch war überfällig.

Die nächsten 80 Vokabeln:

Es geht weiter, und zwar flott. Hier gleich noch einmal zehn kleine Kopfszenen. Am Anfang ist es sinnvoll, in Zehnerschritten vorzugehen. Später, mit mehr Übung, können Sie dann gleich 20 oder gar 50 Vokabeln auf einmal abspeichern. Bis dahin haben Sie aber bitte noch ein wenig Geduld. Sie können am Ende der folgenden achtmal zehn Vokabeln testen, wie viel Sie behalten haben. Und los geht's:

1. Die **Kuh** kaut **Kau**gummi und macht Blasen.
2. Der **Adler** frisst einen **Igel**.
3. Das **Huhn** muss sich **schicken**, um in den Hühnerstall zu kommen.

4. »**Pick**, du **Schwein**«, ruft der Bauer.
5. Der **Elch** frisst eine Schüssel Apfel**mus**.
6. Außerdem wird erzählt, dass man sich neuerdings einen **Löwen** aus dem Zoo **leihen** kann.
7. Der **Seehund** sitzt auf einem **Silo**.
8. Die **Möwe** sitzt auf einem **Segel**.
9. Der **Spatz** baut sich aus **Sperrho**lz ein Nest.
10. Der **Rabe** sitzt in einem **Korb**.

Die Fragen dazu:

- Was kaut die **Kuh**?
- Woraus baut sich der **Spatz** sein Nest?
- Wo sitzt die **Möwe**?
- Was frisst der **Adler**?
- Das **Huhn** muss sich ..., um in den Hühnerstall zu kommen.
- Was befiehlt der Bauer seinem **Schwein**?
- Wo sitzt der **Rabe**?
- Wo sitzt der **Seehund**?
- Was frisst der **Elch**?
- Was kann man mit **Löwen** aus dem Zoo neuerdings machen?

Die nächsten zehn Vokabeln:

1. Ich mache mit Tom **Cruise** eine **Schiffsreise**.
2. Ein **Feigling** (jeder kennt einen oder ist selber einer) hat sich wie ein Fötus in der Ecke zusammenge**kauert**.
3. Ich bekomme die **Kündigung**, weil ich eine **Quitte** geklaut habe.
4. Johnny **Depp** gibt mir einen **Klaps** auf den Po.
5. Ein **Roboter** **raubt** eine Bank aus.
6. George **Clooney** ist ein **verrückter Irrer**.

7. Der **Pharma**vertreter hat sich als **Bauer** verkleidet.
8. Brad **Pitt** hebt eine **Grube** aus.
9. Das Putz**weib** soll den Boden **aufwischen**.
10. Auf der **Leiter** liegt ein **Feuerzeug.**

Und hier die Fragen:

- Als was hat sich der **Pharma**vertreter verkleidet?
- Wo liegt das **Feuerzeug**?
- Wer hebt eine **Grube** aus?
- Wer spielt einen **verrückten Irren**?
- Mit wem machen Sie eine **Schiffsreise**?
- Von wem bekommen Sie einen **Klaps** auf den Po?
- Was soll das Putz**weib**?
- Was macht der **Feigling** in der Ecke?
- Was macht der **Robo**ter in der Bank?
- Warum habe ich die **Kündigung** bekommen?

Deutsch	**Mögliche Antwort**	**Englisch**	**Aussprache**
Kuh	Kaugummi	cow	kau
Adler	Igel	eagle	igel
Huhn	schicken	chicken	tschicken
Schwein	pick	pig	pick
Elch	Apfelmus	moose	mus
Löwe	leihen	lion	laien
Seehund	Silo	seal	siel
Möwe	Segel	seagull	siegall
Spatz	Sperrholz	sparrow	spärrou
Rabe	Korb	corbie	korbi
Schiffsreise	Cruise (Tom)	cruise	kruhs

Feigling	zusammengekauert	coward	kauärd
Kündigung	Quitte	quit	kwitt
Klaps	Depp (Johnny)	dab	däp
rauben, ausrauben	Roboter	rob	rob
verrückter Irrer	Clooney (George)	loony	luuni
Bauer	Pharmavertreter	farmer	farmer
Grube	Pitt (Brad)	pit	pit
wischen, aufwischen	Putzweib	wipe	waip
Feuerzeug	Leiter	lighter	leiter

Nun dürfen Sie sich wieder testen:

Deutsch	**Mögliche Antwort**	**Englisch**	**Aussprache**
Kuh			
Adler			
Huhn			
Schwein			
Elch			
Löwe			
Seehund			
Möwe			
Spatz			
Rabe			
Schiffsreise			
Feigling			
Kündigung			
Klaps			

rauben, ausrauben			
verrückter Irrer			
Bauer			
Grube			
wischen, aufwischen			
Feuerzeug			

Die nächsten zehn Vokabeln:

1. Der Gärtner schmeißt einen **Zaun** ins **Fens**ter.
2. Am Brat**händl** ist ein **Henkel** angebracht, damit man es besser essen kann.
3. Die Gorch **Fock** fährt durch den **Nebel**.
4. Auf der Chinesischen **Mauer** steht ein **Rasenmäher**.
5. Der **Angeklagte** wird beschuldigt, weil er einst auf einem **Kalb ritt**.
6. Mit der **Scher**(e) kann man einen Geldschein **teilen**.
7. Im **Park bellen** alle Hunde.
8. Ein Bettler **bettel**t in der **Schlacht** um sein Leben.
9. James **Bond** befreit eine schöne Frau von ihren **Fesseln**.
10. Die **Muschel klemm**t, man kann sie auch nicht mit einem Messer aufmachen.

Und hier die Fragen:

- Was macht der Bettler in der **Schlacht**?
- Was schmeißt der Gärtner durchs **Fens**ter?
- Wo **bellen** die Hunde?
- Was ist am **Händl** angebracht, damit man es besser essen kann?

- Wodurch fährt die Gorch **Fock**?
- Die **Muschel** ...
- Wer befreit die schöne Frau von ihren **Fesseln**?
- Was steht auf der Chinesischen **Mauer**?
- Man kann mit der **Scher**e den Geldschein ...
- Der **Angeklagte** wird beschuldigt, weil er auf einem ...

Die nächsten zehn:

1. Ein **dicker** Mann sitzt in einem **Bagger**.
2. Der, der immer **wegrennt**, ist ein **Landstreicher**.
3. Einem Spazier**stock** einen **Strumpf** anziehen.
4. Jeder **Ehemann** spielt heimlich in einer Frauen-**Hass-Band**.
5. **Wo Män**ner sind, gibt es immer auch eine schöne **Frau**.
6. Bei jeder **Gehaltserhöhung** gibt es in der Kantine **Sellerie in Grieß**.
7. Die Spinne **webt** ihr **Netz** am **Web**stuhl.
8. Die **Briefmarke** bekommt gerade einen **Stemp**el aufgedrückt.
9. Der **Lehrling** hat mit feuergefährlichen Dingen in der Schreinerei gespielt. Nun steht er da und sagt: »**Abbrennt is'**.«
10. Das **Blut** fließt aufs **Blatt**.

Die Fragen dazu:

- Der, der immer **wegrennt** ist ein ...?
- Wer sitzt in einem **Bagger**?
- Wo baut die Spinne ihr **Netz**?
- Was gibt es bei jeder **Gehaltserhöhung** in der Kantine?
- Wem oder was wurde ein **Strumpf** angezogen?

- Worauf fließt das **Blut**?
- Wo spielt jeder **Ehemann** heimlich mit?
- Was bekommt die **Briefmarke** gerade aufgedrückt?
- Eine schöne **Frau** gibt es immer, auch dort, wo ...?
- Was sagt der **Lehrling**, der mit feuergefährlichen Dingen in der Schreinerei gespielt hat?

Deutsch	Mögliche Antwort	Englisch	Aussprache
Zaun	Fenster	fence	fäns
Henkel	Brathändl	handle	händl
Nebel	Gorch Fock	fog	foog
Rasenmäher	Mauer (Chinesische)	mower	mouer
Angeklagter	Kalb ritt	culprit	kalpritt
teilen	Schere	share	schäär
bellen	Park	bark	bark
Schlacht	bettelt	battle	bättel
Fesseln	Bond (James)	bond	bond
Muschel	Klemmt	clam	kläm
Bagger	dicker Mann	digger	digger
Landstreicher	wegrennt	vagrant	wägränt
Strumpf	Spazierstock	stocking	stocking
Ehemann	Hass-Band	husband	hassbänd
Frau	Wo Männer sind	woman	wumän
Gehaltserhöhung	Sellerie in Grieß	salary increase	sälerie inkries
Netz	weben, Webstuhl	web	wäb
Briefmarke	Stempel	stamp	stämp
Lehrling	Abbrennt is'	apprentice	äprentiss
Blut	Blatt	blood	blad

Deutsch	Mögliche Antwort	Englisch	Aussprache
Zaun			
Henkel			
Nebel			
Rasenmäher			
Angeklagter			
teilen			
bellen			
Schlacht			
Fesseln			
Muschel			
Bagger			
Landstreicher			
Strumpf			
Ehemann			
Frau			
Gehaltserhöhung			
Netz			
Briefmarke			
Lehrling			
Blut			

Die nächsten zehn Vokabeln:

1. Das Wasser macht beim **Kochen Beul**en.
2. Zwei **Schildkröten turtel**n miteinander.
3. Die **Speise** schmeckt **würzig**.

4. Du hascht aber **artige Fischl** in dei'm Aquarium (leicht Schwäbisch) + Kein Wunder, die sind ja **künstlich**.
5. **Womit** mach ich nur das **Erbrochene** weg?
6. **Spider**man ist eigentlich eine **Spinne**.
7. Er hat mich schlecht **behandelt**: Ich bekam sogar einen **Tritt** in den Hintern.
8. Ich habe eine **Dusche**, aus der regnet es wie bei einem Regen**schauer**.
9. Welchen **Sinn** hat eigentlich die **Sünde**?
10. Es gibt Menschen, die haben statt einem **Gehirn** eher **Brei** im Kopf.

Die Fragen dazu:

- Er hat mich schlecht **behandelt**: Was bekam ich sogar in den Hintern?
- Was machen die zwei **Schildkröten** miteinander?
- Aus meiner **Dusche** regnet es wie bei einem ...?
- Wie schmeckt die **Speise?**
- Kein Wunder, dass da ... im Aquarium sind (Achtung: leicht Schwäbisch). Sie sind ja auch **künstlich**.
- Es gibt Menschen, die haben statt einem **Gehirn** eher was im Kopf?
- Ich frage mich nicht, WIE ich das **Erbrochene** wegmachen soll, sondern ...?
- Was macht das Wasser beim **Kochen?**
- Wer ist eigentlich eine **Spinne**?
- Hat die **Sünde** eigentlich einen ...?

Die nächsten zehn:

1. Ein **Kunde** im Reisebüro möchte gerne mal **Gast am Meer** sein.
2. Eine **Füchsin** sieht man **wichsen**.
3. Im **Fernsehen** sieht man jemanden **Teller wischen**.
4. **Martin** Luther King (oder irgendein anderer Martin) versucht verzweifelt, eine **Schwalbe** zu fangen.
5. Jemand sitzt auf dem **Dach** und **ruft**.
6. Die **Braut** ist sehr **stolz** (auf ihr Hochzeitskleid).
7. Mit einem **Ring** als Schlegel in einem Glöckchen **läute** ich.
8. Schatz, ich muss dir was sagen: »Kurz und **prägnant** – ich bin **schwanger.**«
9. Von zu viel **Bequemlichkeit kommt Fett**.
10. Statt einer **Brücke** liegt eine **Pritsch**e über dem Bach.

Die Fragen dazu:

- Was macht jemand im **Fernsehen**?
- Wer versucht verzweifelt, eine **Schwalbe** zu fangen?
- Was möchte der **Kunde** im Reisebüro gerne mal sein?
- Was liegt statt einer **Brücke** über dem Bach?
- Wie habe ich meinem Schatz gesagt, dass ich **schwanger** bin? Kurz und …?
- Was macht der, der auf dem **Dach** sitzt?
- Die **Braut** ist sehr … (auf ihr Hochzeitskleid).
- Was passiert bei zu viel **Bequemlichkeit?**
- Was macht die **Füchsin?**
- Was mache ich mit dem **Ring** als Schlegel in einem Glöckchen?

Deutsch	Mögliche Antwort	Englisch	Aussprache
kochen	Beulen	boil	beul
Schildkröte	turteln	turtle	törtel
würzig	Speise	spicy	spaisi
künstlich	artige Fischl	artificial	artifischl
Erbrochenes	Womit	vomit	womit
Spinne	Spiderman	spider	spaider
behandeln	Tritt	treat	triet
Dusche	Regenschauer	shower	schauer
Sünde	Sinn	sin	sinn
Gehirn	Brei	brain	brein
Kunde	Gast am Meer	customer	kastämer
Füchsin	wichsen	vixen	wichsen
Fernsehen	Teller wischen	television	tällewischn
Schwalbe	Martin	martin	mahtin
Dach	ruft	roof	ruuf
stolz	Braut	proud	praud
läuten	Ring	ring	ring
schwanger	prägnant	pregnant	prägnent
Bequemlichkeit	kommt Fett	comfort	kommfett
Brücke	Pritsche	bridge	britsch

Deutsch	Mögliche Antwort	Englisch	Aussprache
kochen			
Schildkröte			
würzig			
künstlich			
Erbrochenes			
Spinne			
behandeln			
Dusche			
Sünde			
Gehirn			
Kunde			
Füchsin			
Fernsehen			
Schwalbe			
Dach			
stolz			
läuten			
schwanger			
Bequemlichkeit			
Brücke			

Die nächsten zehn Vokabeln:

1. Der **Besen brum**mt.
2. Ich frage mich, wer bei strahlend blauem Himmel die **Wolken geklaut** hat.
3. Der **Bauer** hat auf seinem Hof die **Macht**.
4. Es ist die absolute **Vernachlässigung**, weil er am Eis (oder sonst wo) **nie g'leckt** hat.
5. Ein Blick in die Toilette beweist es: »Kein **Zweifel**, er hat's ver**daut.**«
6. Mit einem **Schürhaken** werden die **Poker**karten gemischt.
7. Statt **Gewehrkugeln** kommen **Bulett**en aus dem Gewehrlauf.
8. Ich gehe ins **Bad** und die schwedische Band **ABBA** spielt mir was vor.
9. Ein **Zimmermann** mit typischer Zimmermannskleidung (Schlaghose, Hut usw.) liegt im Auto (car) und schläft. Wo ist der **Zimmermann?** Im **car pennt er**!
10. Eine **Blume** hat **Blüten**.

Die Fragen hierzu:

- Was hat der **Bauer** auf seinem Hof?
- Wer hat bei strahlend blauem Himmel die **Wolken** ...?
- Was hat eine **Blume**?
- Es ist die absolute **Vernachlässigung**, weil er am Eis (oder sonst wo) ... hat.
- Was macht der **Besen?**
- Was beweist ein Blick in die Toilette? »Kein **Zweifel**, er hat's ...«
- Wo spielt die schwedische Band **ABBA** mir was vor?

- Was wird mit einem **Schürhaken** gemischt?
- Was kommt statt **Gewehrkugeln** aus dem Gewehrlauf?
- Was machte noch mal der **Zimmermann?**

Die letzten zehn Vokabeln:

1. Der **Fuhrmann** hat einen **Kater** (vom Saufen).
2. Die **Promis** halten **Versprechen** eher selten.
3. **Ob wir es** tun? Aber klar, das ist doch **offensichtlich**.
4. Wenn jemand **besoffen** ist, **pisst** er sich auch manchmal in die Hose.
5. Die **Krankenschwester** spritzt mir etwas intraven**ös**.
6. Der **Enkel** muss wissen, wo seine **Grenzen** sind.
7. Der **Ehemann** hat ein (Hunde-)**Halsband** um und lässt sich von seiner Frau Gassi führen.
8. Ich möchte gerne mal ein großes **Bild bauen**.
9. **Schieß** die Löcher doch einfach in den **Käse**.
10. Auf dem **Mantel** ist ein Haufen Hunde**kot**.

Die Fragen hierzu:

- Was hat der **Fuhrmann** vom Saufen?
- Wer hält **Versprechen** eher selten?
- Was ist doch **offensichtlich**?
- Was macht jemand schon mal, wenn er **besoffen** ist?
- Wie spritzt mir die **Krankenschwester** etwas?
- Der **Enkel** muss wissen, wo seine ... sind.
- Was hat der **Ehemann** um?
- Was möchte ich gerne mal **bauen**?
- ... die Löcher doch einfach in den **Käse**.
- Was ist auf dem **Mantel?** Ein Haufen...

Deutsch	Mögliche Antwort	Englisch	Aussprache
Besen	Brummt	broom	bruum
Wolken	Geklaut	cloud	klaut
Macht	Bauer	power	pauer
Vernachlässigung	Nie g'leckt	neglect	nekläckt
Zweifel	Verdaut	doubt	daut
Schürhaken	Pokerkarten	poker	pouker
Gewehrkugeln	Buletten	bullet	bullit
aber (ABBA)	Bad	but	batt
Zimmermann	Car pennt er	carpenter	karpenter
Blüten	Blume	bloom	bluum
Fuhrmann	Kater	carter	karter
Versprechen	Promis	promise	promis
offensichtlich	Ob wir es (tun)	obvious	obviäs
besoffen	Pisst	pissed	pisst
Krankenschwester	intravenös	nurse	nörs
Enkel	Grenzen	grandson	grändsan
Ehemann	Halsband	husband	hasbänd
bauen	Bild	build	bild
Käse	Schieß	cheese	tschies
Mantel	Hundekot	coat	koot

Deutsch	Mögliche Antwort	Englisch	Aussprache
Besen			
Wolken			
Macht			
Vernachlässigung			
Zweifel			
Schürhaken			
Gewehrkugeln			
aber (ABBA)			
Zimmermann			
Blüten			
Fuhrmann			
Versprechen			
offensichtlich			
besoffen			
Krankenschwester			
Enkel			
Ehemann			
bauen			
Käse			
Mantel			

Lassen Sie sich überraschen

Hier können Sie nun noch einmal checken, ob Sie sich wirklich alle beziehungsweise wie viele Sie sich von den 100 Vokabeln gemerkt haben. Mit Sicherheit sind es deutlich mehr als über das herkömmliche Wiederholungslernen. Also seien Sie ruhig ein

bisschen stolz auf sich. Übrigens: Es geht hier (wie schon erwähnt) nicht um die Schreibweise, sondern lediglich um die Aussprache. Es ist also egal, wie Sie die entsprechenden Worte schreiben. Wichtig ist nur, dass sie sich so anhören wie bei den Merksätzen.

Warum gehen wir so vor? Nun, als Sie zu sprechen begonnen haben – es also gelernt haben –, haben Sie da schon alles richtig schreiben können? Nein, natürlich nicht. Als Sie mit sechs oder sieben eingeschult wurden, konnten Sie schon sehr gut sprechen, aber Sie konnten nicht schreiben! Doch nie haben Sie besser und schneller gelernt als damals! Deswegen machen wir es nun so wie zu der Zeit, als Sie noch ein Kind waren und Lernen für Sie ganz normal war. Außerdem müssen Sie, bevor Sie ein Wort schreiben wollen, erst einmal wissen, WELCHES Wort Sie schreiben wollen. Sie müssen es also erst denken beziehungsweise sprechen können. Die Rechtschreibung lernen Sie später.

Aber nun folgt die große Prüfung. Sie werden überrascht sein.

Deutsch	**Englisch**
Totenbahre	
Stirnrunzeln	
zittern	
Meerschweinchen	
Lastkran	
Ruder	
Sarg	
Zunge	
Zauberstab	
Flaschenzug	

Gefängnisdirektor	
Schäfer	
Lorbeeren	
Manieren	
erwähnen	
kichern	
Gürtel	
Fliese/Kachel	
Kette	
Frühling	

Deutsch	**Englisch**
Kuh	
Adler	
Huhn	
Schwein	
Elch	
Löwe	
Seehund	
Möwe	
Spatz	
Rabe	
Schiffsreise	
Feigling	
Kündigung	
Klaps	
rauben, ausrauben	

verrückter Irrer	
Bauer	
Grube	
wischen, aufwischen	
Feuerzeug	

Deutsch	**Englisch**
Zaun	
Henkel	
Nebel	
Rasenmäher	
Angeklagter	
teilen	
bellen	
Schlacht	
Fesseln	
Muschel	
Bagger	
Landstreicher	
Strumpf	
Ehemann	
Frau	
Gehaltserhöhung	
Netz	
Briefmarke	
Lehrling	
Blut	

Deutsch	Englisch
kochen	
Schildkröte	
würzig	
künstlich	
Erbrochenes	
Spinne	
behandeln	
Dusche	
Sünde	
Gehirn	
Kunde	
Füchsin	
Fernsehen	
Schwalbe	
Dach	
stolz	
läuten	
schwanger	
Bequemlichkeit	
Brücke	

Deutsch	Englisch
Besen	
Wolken	
Macht	
Vernachlässigung	

Zweifel	
Schürhaken	
Gewehrkugeln	
aber (ABBA)	
Zimmermann	
Blüten	
Fuhrmann	
Versprechen	
offensichtlich	
besoffen	
Krankenschwester	
Enkel	
bauen	
Käse	
Mantel	

Nun, wie viele Vokabeln haben Sie geschafft? Waren es mehr, als Sie ohne diese skurrile Technik – also früher – geschafft hätten? Bestimmt. Vielleicht haben Sie ja sogar 70 bis 80 Richtige. Vielleicht sogar noch mehr. Das ist toll! Manche Seminarteilnehmer allerdings finden das nicht so toll. Sie hätten gerne ALLE richtig. Das ist falscher Ehrgeiz. Warum? Nun, weil Sie sich damit unnötig unter Druck setzen. Und unter diesem Druck können Sie nicht Ihre volle Leistung abrufen. Ihr Hirn schüttet dann nämlich die Stresshormone Adrenalin, Kortisol und Noradrenalin aus. Und meist in Mengen, die nicht förderlich sind, denn dann wird der Abrufvorgang im Gedächtnis blockiert. Dadurch wissen Sie deutlich weniger als ohne die schädlichen Stresshormone. Noch schlimmer wird das Ganze, wenn Sie schon während des Lernens einen solchen Druck auf sich ausüben. Dann werden die Hormone schon beim Einüben frei. Beim Abrufen fällt Ihr Hirn in genau denselben Status und Sie erinnern sich noch schlechter. Deshalb: Perfektion weckt Aggression. Immer locker bleiben. Damit lernen Sie effektiver. Und die Vokabeln, die Sie nicht auf Anhieb wissen, lernen Sie einfach nach. Schauen Sie sich die Bilder, Szenen beziehungsweise Aussagen noch einmal an. Stellen Sie sich diese noch einmal so deutlich wie möglich vor Ihrem geistigen Auge vor. Lassen Sie Gefühle zu, diese sind so etwas wie ein »Merkturbo«. Und dann prüfen Sie sich erneut. Sie werden sehen, dann haben Sie sich wirklich ALLE gemerkt.

Sprachen lernen wie ein Profi

In Zukunft lernen Sie also selbst schwierige Sprachen leicht, schnell, effizient und dauerhaft. Wichtig hierbei ist – wie Sie wahrscheinlich schon gemerkt haben – eine gute Kreativität. Die sollten Sie durch Anwendung trainieren. Das heißt auch: Je mehr Vokabeln Sie lernen, desto kreativer werden Sie! Vertrauen Sie sich selbst. Nach den ersten 100 SELBSTverbilderten Vokabeln merken Sie eine drastische Verbesserung Ihrer Bilder. Sie sind dann auch schon deutlich schneller und finden für mehr Vokabeln passende Bilder.

Wie das Ganze nun genau funktioniert – die besten Tipps und Tricks – und wie es auch mit schwierigen Vokabeln klappt, sehen Sie im folgenden Kapitel »Vokabellernen leicht gemacht – Die wichtigsten Tipps auf einen Blick«.

Sehr gut geübte Gedächtnisfans schaffen übrigens – und das ist kein Witz – 200 Vokabeln einer neuen Sprache in nur einer Stunde. Wie? Richtig, genauso wie oben: mit der LaGeiss-Technik. Ob Sie nämlich Englischvokabeln oder die Vokabeln einer beliebigen anderen Sprache lernen wollen, macht keinen Unterschied. Also wenden Sie einfach die Ihnen bereits bekannte Technik an, um auch zum Beispiel lateinische, spanische, italienische oder arabische Vokabeln abzuspeichern.

Nehmen wir als Einstiegsbeispiel einmal an, Sie wollten sich die Lateinvokabel »cubare« (gesprochen: kubare) und deren deutsche Bedeutung merken. Dann gehen Sie genauso vor, wie Sie es schon die ganze Zeit bei den Englischvokabeln gelernt haben: Verbildern Sie die Vokabel. Die Bilder, die Sie bei »cubare« »hören«, könnten sein: Kuh, Bar, Bahre, Cuba, Reh usw. Das heißt, achten Sie wie immer nicht auf die Schreibweise, sondern nur auf die Aussprache. Sprechen Sie die zu lernende Vokabel am besten laut aus und achten Sie auf die Bilder, die Ihnen spontan in den Sinn kommen, wenn Sie die Vokabel hören. Was hört sich ähnlich an? Gibt es ein deutsches Wort, das ähnlich klingt? Kennen Sie bereits eine andere Vokabel, die sich ähnlich anhört? Zerhacken Sie die neue, unbekannte Vokabel in Silben und machen Sie Wörter beziehungsweise Bilder aus den einzelnen Silben. Oder nehmen Sie einzelne Wortteile, die keine Silben sind. Dabei kommen manchmal sehr komische, einprägsame Geschichten heraus.

In unserem Beispiel »cubare« nehmen wir nun das Bild »Kuh und Bahre«. Dann sieht dies so aus:

Die Kuh liegt auf der Bahre.

Die Bedeutung dieser Vokabel ist »liegen, schlafen«. Und genau aus diesem Grund »liegt« die Kuh auf der Bahre! Wir verknüpfen also zwei Bilder. Nämlich das Bild der Vokabel mit dem Bild der Bedeutung dieser Vokabel. So haben wir »Kuh und Bahre« als erstes Bild und die Bedeutung »liegen« als zweites Bild. Beide Bilder, also Vokabelbild und Bedeutungsbild, miteinander verknüpft, ergibt: »Die Kuh liegt auf der Bahre.«

Würde »cubare« zum Beispiel »tragen« heißen, wäre das Bild Folgendes: Die Kuh trägt die Bahre.

Vokabellernen leicht gemacht – Die wichtigsten Tipps auf einen Blick

1. Die Vokabel verbildern:

- **Welches andere Wort hört sich ähnlich an?**

»Bolso« (span. Tasche) hört sich ähnlich an wie »bolzen« (Fußball spielen).
Diese Ähnlichkeit reicht dem Priming, dem Ähnlichkeitsgedächtnis, schon. Es muss also keineswegs perfekt sein, ähnlich reicht. Roland Geisselhart (Oliver Geisselharts Onkel) hat deshalb schon in den späten Sechzigerjahren die »Egal-Regel« kreiert: Egal, wenn es nicht hundertprozentig passt, Hauptsache, es ist im Klang einigermaßen ähnlich; es reicht auch, wenn nur die erste Silbe passt.

- **Vokabel in Silben zerhacken und für jede einzelne Silbe oder für zusammengefasste Silben nach ähnlichen Wörtern suchen:**

»cubare« wird so zu »cu«, »ba«, »re«. Aus »cu« wird »Kuh«, »ba« und »re« zusammengefasst ergibt »Bahre«.

- **Aus den Silben neue Worte kreieren**

»helios« (griech. Sonne) wird so zu »he«, »li«, »os«. Daraus entstehen die Worte »**Helikopter**«, »**Liege**«, »**Ostern**«. Bild: Im Helikopter steht eine Liege mit Ostereiern darauf.

- **Vokabel nicht in Silben, sondern entsprechend passend zerhacken**

Bei »vendredi« (frz. Freitag), ausgesprochen woandredie, wären die Silben »ven«, »dre«, »di«. Besser passt: »vend«, »red«, »i«. Also: »Wand«, »rede«, »ich«.

- **Einzelne Buchstaben der Vokabel doppelt benutzen**

Bei »hostigar« (span. bedrängen), ausgesprochen ostigar, könnte man das T doppelt benutzen: einmal für »Ost« und das zweite Mal für »Tiger«.

- **Dialekte und andere Sprachen mit einbeziehen**

»L'embouchure« (frz. die Flussmündung), ausgesprochen loambuschür, klingt ähnlich wie »Lampenschirm« auf Schwäbisch ausgesprochen: »Loambeschürm«.

2. Die Bedeutung der Vokabel verbildern:

- **Oft ist die Bedeutung schon ein Bild.**

Zum Beispiel ist die Bedeutung von »cubare« »liegen« und »liegen« ist ein Bild.

- **Sollte die Bedeutung kein Bild sein, benutzen Sie das erste spontane Bild (wie bei den Vokabeln selbst), das Ihnen beim Aussprechen der Bedeutung in den Sinn kommt.**

Zum Beispiel ist die Bedeutung von »but« (englisch für »aber«), gesprochen batt, kein Bild. – »Aber« ist nun mal kein Bild. Die erste spontane Assoziation könnte vielleicht die Band »ABBA« sein. »ABBA« hört sich ähnlich an wie »aber«.

3. Beide Bilder verknüpfen:

- **Die Verknüpfung sollte möglichst skurril sein. – Eine liegende Kuh auf einer Bahre ist skurril.**

- **Denken Sie nicht lange nach, die erste Verknüpfungsidee ist meist die beste.**

- **Konzentrieren Sie sich auf den Kern und lassen Sie Unnötiges weg.**

- **Sehen und erleben Sie das Verknüpfungsbild beziehungsweise den Verknüpfungsfilm deutlich in Ihrem Kopfkino.**

- **Die Verknüpfung sollte alle Sinnesorgane ansprechen.**

- **Beziehen Sie Gefühle mit ein.**

Und nun testen Sie selbst, wie gut Sie im »Verbildern« von Vokabeln bereits sind. Sollten Sie alle Englischvokabeln durchgearbeitet haben, haben Sie ja genug Anregung erhalten. Halten Sie sich bitte an die obigen Regeln und achten Sie nicht so sehr auf die Zeit, die Sie benötigen. Schnelligkeit kommt von ganz alleine.

Lassen Sie Ihrer Fantasie freien Lauf und nehmen Sie die ersten Bilder, die in Ihrem Kopf Gestalt annehmen. In der Klammer hinter den folgenden Vokabeln finden Sie die korrekte Aussprache, falls diese von der Schreibweise abweicht. Das ist wichtig, denn Ihre Bilder sollten auf der Aussprache basieren! Hören Sie sich also die folgenden Vokabeln sprechen und erfinden Sie dazu Ihre individuellen Bilder. Unsere Vorschläge folgen später. Los geht's:

- **choukran (schukran)**

  Mein Bild: ______________________________

- **livre (liefre)**

  Mein Bild: ______________________________

- **bolso (bolso)**

  Mein Bild: ______________________________

- **sorcerer (sorserer)**

  Mein Bild: ______________________________

- **primavera (primawera)**

  Mein Bild: ______________________________

Nun folgen die Verknüpfungen. Das erste Bild haben Sie ja gerade entwickelt. Das zweite Bild ist die Bedeutung der jeweiligen Vokabel. Dieses wird mit dem ersten Bild verknüpft. (Wie oben bei »cubare«.) In der Klammer dahinter steht die Sprache.

Verknüpfen Sie also jetzt das Vokabelbild mit dem Bedeutungsbild.

- **choukran (schukran) / Danke (Arabisch)**

  Meine Verknüpfung: ______________________________

- **livre (liefre) / Buch (Französisch)**

  Meine Verknüpfung: ______________________________

- **bolso / Tasche (Spanisch)**

  Meine Verknüpfung: ______________________________

- **sorcerer (sorserer) / Zauberer (Englisch)**

  Meine Verknüpfung: ______________________________

- **primavera (primawera) / Frühling (Italienisch)**

  Meine Verknüpfung: ______________________________

Ob Ihre Verknüpfungen erfolgreich waren, erfahren Sie im folgenden Test.

»Danke« heißt auf Arabisch: ______________________________

»Buch« heißt auf Französisch: ______________________________

»Tasche« heißt auf Spanisch: ______________________________

»Zauberer« heißt auf Englisch: ______________________________

»Frühling« heißt auf Italienisch: ______________________________

Das Ganze funktioniert natürlich auch andersherum, also aus der Fremdsprache ins Deutsche.

»choukran« (schukran) heißt auf Deutsch: ____________________

»livre« (liefre) heißt auf Deutsch: ______________________________

»bolso« heißt auf Deutsch: ______________________________

»sorcerer« (sorserer) heißt auf Deutsch: ____________________

»primavera« heißt auf Deutsch: ______________________________

Sollten Sie hierbei noch Probleme gehabt haben, so kann ich Sie hoffentlich beruhigen: Sie sollten erst einmal circa 100 Vokabeln selbstständig verbildert und verknüpft haben, dann erst klappt es richtig. Aber: Es muss ja nicht bei jeder Vokabel gelin-

gen! Zu Beginn wenden Sie die Geisselhart-Technik eben nur bei den Vokabeln an, bei denen sich Ihnen das Bild praktisch aufdrängt. Mit der Zeit wird dies immer häufiger passieren. Und dann klappt es relativ zügig bei den meisten Vokabeln. Und ganz wichtig: Perfektion weckt auch hier immer noch Aggression. Es muss nicht bei jeder Vokabel gelingen! Freuen Sie sich über die, bei denen es klappt.

Ob Sie jemals so viel trainieren beziehungsweise anwenden, dass Sie, wie oben erwähnt, in nur einer Stunde 200 Vokabeln schaffen, ist gar nicht so wichtig. Wenn Sie nur halb so gut werden, schaffen Sie bereits 100 Vokabeln in nur einer Stunde oder 50 in einer halben. Und das ist doch auch ein toller Wert! Der ist übrigens für jeden gesunden Normalsterblichen zu erreichen. Wenn Sie täglich circa eine halbe Stunde Vokabeln lernen, sollten Sie diese Zahl nach ungefähr ein bis zwei Monaten erreichen.

Dann sind Sie auch in der Lage, eine neue Sprache, zumindest vom nötigen Wortschatz her, in nur einem Monat zu erlernen! Welche Zeitersparnis! Überlegen Sie: Sie lernen täglich 50 Wörter. Diese sollten natürlich die richtigen sein, also genau die, die Sie später tatsächlich brauchen. Schauen Sie sich einmal in einer guten Buchhandlung um. Dort gibt es Vokabelbücher mit häufig gebrauchten umgangssprachlichen Vokabeln. Bei 50 Vokabeln täglich schaffen Sie 250 in fünf Tagen. Am Wochenende wiederholen Sie diese noch einmal. Dies machen Sie drei Wochen lang, dann haben Sie 750 Vokabeln gelernt. Damit sind Sie schon ziemlich fit und können alles sagen, was Sie wollen. Natürlich ist Ihre Synonymauswahl begrenzt, aber was soll's? Die vierte Woche gehört allein der Wiederholung aller 750 Vokabeln. Wer dann zwischendurch noch die wichtigsten Gram-

matikregeln lernt, kommt im Ausland prächtig klar. Und das nach nur einem Monat!

Also, worauf warten Sie noch? Gehen Sie in die nächste Buchhandlung und fangen Sie an! Erfolg buchstabiert man T-U-N! Das ist bei Gedächtnistechniken genauso wie beim Fremdsprachenlernen oder in jedem anderen Bereich. Für den Anfang starten Sie einfach mit weiteren Englischvokabeln.

Ach ja, fast hätten wir es vergessen – und das darf uns ja nicht passieren –, hier noch unsere Verknüpfungsvorschläge für obige Vokabeln:

- **choukran (schukran) / Danke (Arabisch)**

Hört sich an wie »Schuh« und »Kran«.
Bild: Mein Schuh fiel ins Wasser. Er wird mit einem Kran herausgefischt. Ich sage: »Danke.«

- **livre (liefre) / Buch (Französisch)**

Hört sich an wie »liefre«, »liefern« auf Schwäbisch.
Bild: Ich lasse mir also ein Buch liefern.

- **bolso (bolso) / Tasche (Spanisch)**

Hört sich ähnlich an wie »bolzen«, »Fußball spielen«. Und ähnlich wie »beult so«.
Bild: Die Kinder bolzen mit einer Tasche.
Bild: Ich brauche eine neue Tasche, meine alte beult so.

- **Sorcerer (sorserer) / Zauberer (Englisch)**

Klingt wie »Sauciere«, oder auch wie »Soße rührn«, »rühren«.
Bild: Der Zauberer zaubert also leckere Soße in die Sauciere.
Bild: Wer ständig in der Soße rührt (oder im Zaubertrank), muss wohl ein Zauberer sein.

- **Primavera (primawera) / Frühling (Italienisch)**

Besteht aus »prima« und »Vera«.
Bild: Prima ruft Vera und hüpft im Frühling umher.

(Zum Großteil aus: Geisselhart, Oliver: *Kopf oder Zettel?*
Offenbach, Gabal, 4. Aufl. 2010)

Handhabung des Wörterbuches

Einzige Voraussetzung: Seien Sie offen für ALLES!

Sie müssen weder schlau, allwissend noch besonders intelligent oder talentiert sein. Aber Sie sollten offen für Neues sein – für alles Neue. Die Bilder, mit welchen die einzelnen Vokabeln gelernt werden, sollten einigermaßen passen. Wenn sie dann noch absurd, lustig, brutal, bescheuert, übertrieben oder versaut sind, haftet die Vokabel richtig gut. Es ist in mehreren groß angelegten wissenschaftlichen Studien bewiesen worden, dass gerade Bilder beziehungsweise Bildverknüpfungen mit sexuellem Inhalt extrem gut behalten werden. Also: Lassen Sie ALLE Bilder zu. Stehen Sie sich bitte nicht durch Zensur selbst im Weg. Ihr Ziel ist es, Vokabeln zu lernen, viele Vokabeln. Und das in kurzer Zeit. Dann gehen Sie den Weg, der dafür nötig ist:

just be open-minded!

Die folgenden Verbilderungen zu den Englisch-Vokabeln sind lediglich Vorschläge. Sie können diese für sich übernehmen oder jederzeit verändern oder durch andere Verbilderungen ersetzen.

Wenn Sie möchten, mailen Sie uns Ihre Verbilderungsvorschläge doch einfach zu.

Tragen Sie dazu bei, dass auch andere an Ihren originellen, lustigen und skurrilen Verbilderungen teilhaben können. Wir freuen uns auch auf Beispiele aus anderen Sprachen. Hier noch mal unsere E-Mail-Adresse: info@schiebdasschaf.de

Sie können bei jeder Gelegenheit üben: im Wartezimmer, auf der Toilette, in der Schule, im Flugzeug (vorausgesetzt, Sie sind kein Pilot). Achtung! Bitte nicht im Auto lernen, wenn Sie selber fahren. Die Ablenkung wäre einfach zu groß.

Ob Sie jetzt das Wörterbuch alphabetisch, von hinten nach vorne lesen oder zufällig eine Seite aufschlagen, spielt überhaupt keine Rolle. Am besten suchen Sie sich Vokabeln aus, die Sie brauchen, lustig finden oder weitererzählen wollen. Markieren Sie die Vokabeln, wenn Sie sich abfragen lassen oder selbst abfragen wollen.

Das Abspeichern gelingt Ihnen in der Regel am besten, wenn Sie die Augen dabei schließen. Wenn Sie die Übungen zu Beginn des Buches gemacht haben, dann wissen Sie bereits, worauf es ankommt.

Nehmen Sie die Verbilderungsvorschläge im Buch nicht allzu ernst. Sollten diese zum Teil nicht nach Ihrem Geschmack sein, können Sie gerne, wie oben schon erwähnt, eigene Vorschläge machen. In erster Linie soll das Arbeiten mit dem Buch und den darin enthaltenen Verbilderungen Spaß machen und Sie dazu animieren, mit dieser Technik weiterzuarbeiten.

Sie dürfen das Buch verschenken, weiterempfehlen (gerne auch an Englischlehrer) und mitgestalten.

Erklärung

englisches Wort

offizielle Lautschrift

Lautschrift mit dem uns bekannten Alphabet. So lesen, als wäre es Deutsch.

abort [əbɔt] *[aboht]*
abbrechen, unterbrechen;
Bild: Du sitzt auf
dem *Abort* und musst
unterbrechen, weil kein
Toilettenpapier mehr
vorhanden ist.

Beschreibung des Bildes bzw. der Szene

deutsche Übersetzung

Bild, Szene, Kopfkino, manchmal auch Tipp, Interessantes oder Merkhilfe (MH)

ist uns im Deutschen bekannt, hört sich aber so ähnlich an wie das englische Wort.

A

a.m. [ei *[äiäm]* **vormittags**; Abkürzung von **a**nte **m**eridiem; Bild: Am Morgen; man kann es sich aber auch so merken, dass das »a« im Alphabet vor dem »p« kommt, der **Vormittag** kommt ja auch vor dem Nachmittag. Nachmittags heißt nämlich **p**ost **m**eridiem (p.m.).

aboard [əbɔd] *[abohd]* **an Bord, im Zug**; Bild: **An Bord** befindet sich ein *Abort* (Toilette mit Herzchenfenster).

abort [əbɔt] *[aboht]* **abbrechen, unterbrechen**; Bild: Du sitzt auf dem *Abort* und musst **unterbrechen**, weil kein Toilettenpapier mehr vorhanden ist.

abreast [əbrest] *[ebrest]* **nebeneinander**; Bild: In der Schule saßen sie immer **nebeneinander**, obwohl der eine den anderen ständig *erpresst* hatte.

absent [æbs^{ə}nt] *[äbsent]* **abwesend**; Bild: Als ich den Brief erhielt, war der *Absend*er schon **abwesend**. Bild: Wer *Absinth* (enthält viel Alkohol!) trinkt, ist ziemlich schnell **abwesend**.

abuse [əbjus] *[ebjuhs]* **missbrauchen**; Bild: Dr. M*abuse* **missbraucht** seine genialen Fähigkeiten und begeht unglaubliche Verbrechen.

acanthus [əkænθəs] *[äkändes]* **Bärenklau**; Bild: *Erkennt das* **Bärenklau**kraut! Der große Bärenklau verursacht Hautausschläge.

accustomed (to be) to [əkʌstəmd] *[äkastemd]* **sich gewöhnen an**; Bild: Das is *a Kasten*. An den muss ich mich erst **gewöhnen**. Bild: *A*n das *Kostüm* muss ich mich noch **gewöhnen**.

act [ækt] *[äkt]* **Tat, Handlung**; Bild: Mit dieser **Handlung** *eckt* er immer an.

add (to) [æd] *[äd]* **hinzufügen**; Bild: Wenn man *add*iert, **fügt** man einer Zahl eine andere **hinzu**.

admire [ədmaiə^{r}] *[ädmeiä]* **bewundern, verehren**; Bild: Einen *Admi*ral **bewundern**. Bild: Ich **bewundere** den Kontrabassisten *Ed*(gar) *Meyer* (gibt es wirklich).

adult [ædʌlt] *[ädalt]* **Erwachsener**; Bild: **Erwachsene** haben oft mehr *Gedult* als Kinder.

adventure [ədventʃə^{r}] *[ädwentschä]* **Abenteuer**; Bild: Mein größtes **Abenteuer**: Mit der *Adventschere* die Kerzen vom Adventskranz durchschneiden.

advice [ədvais] *[äd'weis]* **Ratschlag**; Bild: *Ed* ist *weise*. Der große Ed sitzt wie eine Buddhastatue da. Alle kom-

men, um sich einen weisen **Ratschlag** erteilen zu lassen.

affiance [əfaiəns] *[äfeiäns]* **Verlobung**; Bild: Zur **Verlobung** gibt's einen *Affentanz*.

afford sth. [əfɔd] *[äfohd]* **sich leisten**; Bild: **Sich** *einen Ford* (Marke) **leisten** können.

afraid [əfreid] *[äfräid]* **ängstlich**; Bild: Der Sadist ist sichtlich *erfreut*, wenn jemand **ängstlich** ist.

after [aftə^r] *[ahftä]* **hinten**; Bild: Der *After* ist am **Hintern**.

after eight [aftə^r eit] *[ahftä' äit]* **nach acht**; Bild: Eigentlich nicht unbedingt empfehlenswert, **nach acht** Uhr noch *After Eight* (Marke) zu essen.

afterward [aftəwəd] *[ahftäwöd]* **danach, später**; Bild: Erst **später** kamen die anderen *After-Wört*er zur Sprache. Wie z. B. »Po, Arsch, Gesäß, Hintern« usw.

age [eidʒ] *[äitsch]* **Alter**; Bild: *Ätsch*, du bist ein **alter** Sack.

aid [eid] *[äid]* **helfen, Hilfe**; Bild: *Aids*kranken muss man **helfen**.

air [eə^r] *[eä]* **Luft**; Bild: *Er* fliegt in die **Luft**.

air force [eə^{r}fɔs] *[eäfohs]* **Luftwaffe**; Bild: Der *Air-Furz* ersetzt die **Luftwaffe**.

alder [ɔldə] *[ohldä]* **Erle**; Bild: Das *Alter* der **Erle** kann man an den Jahresringen ablesen.

align [əlain] *[älain]* **ausrichten**; Bild: *Allein* kann ich nichts **ausrichten**.

alley [æli] *[äli]* **Gasse**; Bild: *Elli* (jeder kennt eine) steht in der **Gasse**.

almond [amənd] *[älmend]* **Mandel**; Bild: Marc *Almond* (Sänger) mag gebrannte **Mandeln**. Bild: **Mandel** ist ein neuentdecktes *Element* und wurde ins Periodensystem aufgenommen.

almost [ɔlməʊst] *[ahlmoust]* **beinahe, fast**; Bild: Die *Almos*en reichen **beinahe** aus, um davon leben zu können.

alone [ələʊn] *[äloun]* **allein**; Bild: Die M*elone* schaff ich **allein**.

also [ɔlsəʊ] *[ahlsou]* **auch**; Bild: *Also* **auch** du (mein Sohn Brutus). Cäsarmord.

always [ɔlweiz] *[ahlwäis]* **immer, stets**; Bild: Damenbinden »always« (Marke) – **immer** sicher.

amazing [əmeiziŋ] *[ämäising]* **erstaunlich**; Bild: Die *Amaz*onen wa-

ren ziemlich **erstaunlich**. Bild: Ist es nicht **erstaunlich**, dass der *Amazo*nas der größte Fluss der Welt ist?

amble [æmbl] *[ämbl]* **schlendern, trotten**; Bild: An der *Ampel* locker vorbei**schlendern** und so tun, als ob Grün wäre.

amend [əmend] *[ämend]* **ändern**; Bild: *Am End'* **ändert** sich alles noch mal.

amuse [əmjuz] *[ämiuhs]* **amüsieren**; Bild: Ein*e Mus*e **amüsiert** mich.

anger [æŋgər] *[änger]* **Ärger**; Bild: Die Hose ist *enger* geworden. Der **Ärger** darüber ist groß.

angel [einʒl] *[äinschl]* **Engel**; Bild: Ein **Engel**, der *angel*t.

angler [æŋglə^{r}] *[änglä]* **Angler**; Bild: Die *Englä*nder sind alles **Angler** und sitzen um ihre Insel herum.

angst [ɑŋkst] *[ahnkst]* **Angst**; kommt aus dem Deutschen.

ankle [æŋkl] *[änkl]* **Fußknöchel**; Bild: Der Opa sitzt im Schaukelstuhl und verarztet den **Fußknöchel** des *Enkel*s.

anxious [æŋkʃəs] *[änksches]* **ängstlich**; Bild: Die Schwaben sagen »*ängsch*tlich«, wenn sie **ängstlich** meinen.

apologise [əpɒlədʒaiz] *[äpollotscheis]* **sich entschuldigen, um Entschuldigung bitten**; Bild: Die USA muss **sich entschuldigen** für den *Apollo-Scheiß* (Verschwörungstheorie Mondlandungslüge).

appear [əpɪə^{r}] *[äpiä]* **erscheinen, auftauchen**; Bild: Der Durst ist so groß, dass man Halluzinationen bekommt und uns allen *a Bier* **erscheint**.

applause [əplɔz] *[aplohs]* **Applaus, Beifall**; Bild: *A Bloos*kapell'n (Bayerisch für »eine Blaskapelle«) bekommt **Beifall**.

apple [æpl] *[äpl]* **Apfel**; Bild: Jemand wird ver*äppel*t und alle schmeißen einen **Apfel** nach ihm.

apprentice [əprentis] *[äprenntis]* **Lehrling**; Bild: Der **Lehrling** hat mit feuergefährlichen Dingen in der Schreinerei gespielt. Nun steht er da und sagt: »*Ab'brennt is.*«

approach [əprəʊtʃ] *[äproutsch]* **sich nähern**; Bild: *A Brotsch*eibe **nähert** sich dem Mund.

apt [æpt] *[äpt]* **geeignet**; Bild: Er ist als *Abt* **geeignet**. Viele Äbte stehen beim Casting auf einer Bühne und werden von einer Jury bewertet.

ark [ɑːk] *[ahk]* **Arche**; Bild: Die **Arche** ist *arg* überladen.

arse [ɑːs] *[ahs]* **Arsch**; Bild: Der *Aas*fresser fängt immer mit dem **Arsch** an.

art [ɑːt] *[aht]* **Kunst**; Bild: Diese *Art* von **Kunst** zu machen, ist sehr eigenwillig.

artificial [atifiʃl] *[ahtifischl]* **künstlich**; Bild: Du hascht aber *art*ige *Fischl*e in dei'm Aquarium. Kein Wunder, die sind ja **künschtlich** (Schwäbisch).

artist [atist] *[ahtist]* **Künstler**; Bild: Der Zirkus*artist* ist auch ein **Künstler**.

(to be) ashamed [əʃeimd] *[äschäimd]* **sich schämen**; Bild: *Er schämt* sich überhaupt nicht, nackt an uns vorbeizugehen.

aslant [əslant] *[äslahnt]* **schräg, schief**; Bild: *Es lehnt* (Fränkisch: »*es lahnt*«) sich jemand (der *Asylant*) **schief, schräg** an die Wand.

asparagus spears [əspærəgəs spiə^{r}s] *[äspärägus spiäs]* **Spargelspitzen**; Bild: Britney *Spears* hat auf mehreren Speeren **Spargelspitzen** aufgespießt.

aspen [æspən] *[äspen]* **Espe**; Bild: Die W*espen* sitzen auf der **Espe**.

ass [æs] *[äss]* **Esel**; Bild: Der Bauer befiehlt dem Esel zu essen, aber der Esel weigert sich: »*Ess*, du **Esel**!«

assess [əses] *[ässess]* **einschätzen, abschätzen**; Bild: Ich *ess es*, obwohl ich meinen Hunger nicht **einschätzen** kann.

assumption [əsʌmʃ^{ə}n] *[äsamtschen]* **Voraussetzung, Annahme**; Bild: *Er summt schön*. Dies ist die einzige **Voraussetzung** zur Teilnahme an dem Gesangswettbewerb.

astonish [əstɒniʃ] *[ästonisch]* **erstaunen**; Bild: D*a staun isch* (da **staun** ich, **erstaunen**).

astound [əstaʊnd] *[ästaund]* **sehr erstaunen, verblüffen**; Bild: Ich bin sehr *erstaunt*, wie **verblüfft** du bist.

attention [ətenʃn] *[ätenschn]* **Aufmerksamkeit, Vorsicht**; Bild: Nach dem *Attent*at wurde die Bevölkerung zu mehr **Aufmerksamkeit** angehalten. Bild: **Vorsicht**, er trägt *ä Tännschn* (Sächsisch für »ein Tännchen«).

auditor [ɔditər] *[ohditer]* **Rechnungsprüfer**; Bild: *Oh Dieter* (Bohlen), heute kommt der **Rechnungsprüfer**.

aunt [ɔnt] *[ahnt]* **Tante**; Bild: Die **Tante** *ahnt* ja nicht, welches Geschenk ich ihr mitgebracht habe.

Aussie [ɒzi] *[ossi]* **Australier, australisch**; Bild: Im Englischen ist ein *Ossi* nicht ein Ostdeutscher, sondern ein **Australier**.

autumn [ɔtəm] *[ahtm]* **Herbst**; Bild: Im **Herbst** sieht man den *Atem*.

averse [əvəs] *[ävöhs]* **abgeneigt**; Bild: Ich bin nicht **abgeneigt**, *einen Vers* zu schreiben.

B

back [bæk] *[bäk]* **Rücken, zurück**; Bild: Auf dem **Rücken** backt der *Bäcker* Pizza. Beliebtes Kinderspiel, um sich gegenseitig zu massieren; Bild: Der *Back*fisch ist ein junger Fisch, den man noch nicht backen darf, daher wirft man ihn **zurück** ins Wasser.

backer [bækə^{r}] *[bäkä]* **Sponsor, Geldgeber**; Bild: Mein *Bäcker* ist auch **Sponsor** von …

badger [bædʒə^{r}] *[bätschä]* **Dachs**; Bild: Der **Dachs** wird mit einem Fliegen*bätscher* gehauen.

bag [bæg] *[bäg]* **Tasche, Beutel, Sack**; Bild: Mein Ge*päck* bestand nur aus einem **Beutel**.

bangle [bæŋl] *[bängl]* **Armreif**; Bild: Der *Bengel* läuft mit dem geklauten **Armreif** herum.

bank [bæŋk] *[bänk]* **Ufer**; Bild: Am **Ufer** steht eine *Bank*.

bar [ba^{r}] *[bah]* **Barren, Riegel, Gitterstäbe**; Bild: An der *Bar* gibt es **Schokoriegel**. Bild: Eine *Bar* mit **Gitterstäben**.

bark [bak] *[bahk]* **bellen**; Bild: Im *Park* **bellen** die Hunde.

bat [bæt] *[bät]* **Fledermaus**; Bild: *Bat*man ist der **Fledermaus**mann.

baton [bæt^{ə}n] *[bäten]* **Taktstock**; Bild: Mit einem **Taktstock** die *Betten* ausklopfen.

battle [bætl] *[bätl]* **Schlacht**; Bild: Bei einer **Schlacht** *bettel*t man um sein Leben. Bild: Jemand sitzt in einer typischen *Bettel*haltung (mit offenen Händen) mitten in einem **Schlacht**feld.

beam [bim] *[biem]* **vor Freude strahlen, Lichtstrahl**; Bild: Ein Alkoholiker bekommt eine Flasche Jim *Beam* (Marke) geschenkt und **strahlt vor Freude**. Übrigens: Der Schnapserfinder Jim Beam hieß eigentlich Jakob Böhm und war ein Deutscher.

bean [bin] *[bihn]* **Bohne**; Bild: Mr *Bean* isst Stangen**bohnen**.

bear [beə^{r}] *[beä]* **Bär**; hört sich im Deutschen genauso an.

beard [biəd] *[biäd]* **Bart**; Bild: Im Gesicht *behaart,* nennt man **Bart**.

beater [bitə^r] *[bihtä]* **Rührbesen**; Bild: Der *Bieter* bietet bei einer Versteigerung für einen alten **Rührbesen** viel Geld.

become [bikʌm] *[bikamm]* **werden**; Bild: Gast: »I would like to *become* a steak.« (Ich würde gerne ein Steak **werden**) Ober: »Oh, I don't hope so!« (Typisch deutscher Fehler)

bee [bi] *[bih]* **Biene**; Bild: Man glaubt, die **Biene** sei *bi*... Wenn man manchmal versucht, den Kindern die Frage zu erklären, woher denn die Babys kommen.

beef [bif] *[bihf]* **Rindfleisch**; Bild: 100 g der »*bifi*«-Salami (Marke) werden aus 157 g Schweine- und **Rindfleisch** hergestellt. (Gewichtsverlust kommt vom Räuchern.)

beer [biə^r] *[biä]* **Bier**; hört sich im Deutschen fast genauso an.

beet [bit] *[biht]* **Rübe**; Bild: Die **Rübe** wächst im *Beet*; die Rote *Beet*e ist eine **Rübe**.

beetle [bitl] *[bihtl]* **Käfer**; Bild: Der VW **Käfer** heißt heute »*beetle*«. Kommt auch nicht aus *Betle*hem.

bell [bel] *[bäll]* **Klingel, Glocke**; Bild: Wenn die **Klingel** klingelt, dann *bell*t der Hund (Pawlow'scher Hund).

belt [belt] *[bällt]* **Gürtel**; Bild: Der Hund *bellt*, wenn er mit dem **Gürtel** geschlagen wird.

bet [bet] *[bett]* **wetten**; Bild: »**Wetten**, dass ...?« guck ich immer vom *Bett* aus.

bicycle [baisikl] *[baisikl]* **Fahrrad**; Bild: Ein *Beiß-Igel* mit scharfen Zähnen beißt in einen **Fahrrad**reifen.

bier [biə] *[biä]* **Bahre (Totenbahre)**; Bild: Auf der **Totenbahre** in der Leichenhalle steht ein Maßkrug mit *Bier*.

bile [bail] *[bail]* **Galle**; Bild: Ein Mann, dem die **Galle** übergelaufen ist, läuft mit einem *Beil* Amok.

bin laden [bin leid^{ə}n] *[bin'läiden]* **Mülleimer voll beladen**; Bild: *Bin Laden*s **Mülleimer** war stets **voll beladen**.

bin liner [bin lainə^r] *[bin'lainä]* **Müllsack**; Bild: Meine Inliner schmeiß ich in den *bin liner* (**Müllsack**, blau).

birth [bɜːθ] *[böhs]* **Geburt**; Bild: Am Tag der **Geburt** war das Kind schon *bös'*.

bison [bais^{ə}n] *[baisn]* **Bison**; Bild: Der **Bison** kann sehr gut *beißen*. Bild: Blend-a-med-Slogan (Marke): »Damit Sie auch morgen noch kraftvoll zubeißen können.« Sie *beißen* nicht in einen grünen Apfel, sondern in einen **Bison**.

bitter [bitə^{r}] *[bittä]* **bitter**; hört sich im Deutschen genauso an.

black [blæk] *[bläk]* **schwarz**; Bild: Ein großes **schwarzes** *Plak*at. (Roy Black, Black Beauty, Black & Decker)

blacken [blæk^{ə}n] *[bläken]* **anschwärzen**; Bild: Jemanden **anschwärzen** und dabei die Zähne *blecken* (mit schwarzem Zahn) ist nicht die feine Art.

bladder [blædə^{r}] *[bläddä]* **Blase**; Bild: Als Adam und Eva sich schämten, trugen sie Feigen*blätter* vor ihren **Blasen**.

blade [bleid] *[bläid]* **Klinge**; Bild: Er nahm das Messer mit der schärfsten **Klinge** und wollte sich das Leben nehmen. Aber selbst dazu war er noch zu *bläid*. (Süddeutsch für *»blöd«*)

blame [bleim] *[bläim]* **vorwerfen, tadeln**; Bild: Jemandem ein *Bleäm*erl (Österreichisch für »Blümchen«) **vor** die Füße **werfen**.

blare [bleə^{r}] *[bleä]* **plärren**; Bild: Tony *Blair* (ehemaliger britischer Premierminister) **plärrt** heute noch.

bless [bles] *[bles]* **segnen**; Bild: Ein *Bless*huhn wird von einem Geistlichen **gesegnet**.

blink [bliŋk] *[blink]* mit den **Augen zwinkern, blinzeln**; Bild: Am Auto befinden sich statt der *Blink*er Augen, die **blinzeln**.

blinker [bliŋkə^{r}] *[blinkä]* **Scheuklappen**; Bild: Ein Pferd hat an der Stelle, wo sich normalerweise die **Scheuklappen** befinden, *Blinker*.

blood [blʌd] *[blad]* **Blut**; Bild: Das **Blut** fließt aufs *Blatt*.

bloom [blum] *[bluhm]* **Blüte**; Bild: Orlando *Bloom* (Schauspieler) schmeißt **Blüten**blätter um sich.

blue [blu] *[bluh]* **blau**; Bild: Eine **blaue** *Blus*e.

blunt [blʌnt] *[blant]* **stumpf**; Bild: Wer James *Blunt* (Sänger) hört, **stumpft** ab.

boil [bɔil] *[boil]* **kochen**; Bild: Das Wasser macht beim **Kochen** *Beul*en.

bolster [bəʊlstə^{r}] *[boulstä]* **Nackenrolle, stützen**; Bild: Eine ge*polster*te **Nackenrolle stützt** den Nacken.

bonanza [bənænzə] *[bonänzä]* **Goldgrube**; Bild: In der Westernserie »*Bonanza*« finden die Cartwrights eine **Goldgrube**.

bond [bɔnd] *[bond]* **Fessel, fesseln**; Bild: James *Bond* befreit eine schöne Frau von ihren **Fesseln**. Bild: James *Bond* **fesselt** die schöne Frau.

bone [bəʊn] *[boun]* **Knochen**; Bild: Ein menschliches Skelett besteht nicht aus **Knochen**, sondern aus Stangen*bohn*en.

booby [bu:bi] *[buhbi]* **Trottel**; Bild: Der *Bubi* Scholz (Boxer) ist ein **Trottel**.

book [bʊk] *[buk]* **Buch**; Bild: Am *Bug* eines Schiffes befindet sich eine Galionsfigur, die ein **Buch** liest.

border [bɔdə^{r}] *[bohdä]* **Grenze**; Bild: Die **Grenze** (Zaun, Mauer oder Ähnliches) hat man attraktiver gemacht und mit einer *Borde* (Bordüre) versehen.

bough [bau] *[bau]* **Ast, Zweig**; Bild: Aus der Wand eines Neu*baus* wächst ein **Ast**.

bounty [baunti] *[baunti]* **Großzügigkeit, Spende**; Bild: Als **Spende** bekommt der Kindergarten eine große Kiste *Bounty* (Marke).

bowl [bəʊl] *[boul]* **Schüssel**; Bild: Mit einer Müsli**schüssel** *Bowl*ing spielen und alle Neune umlegen. Bild: *Bowle* gab's früher zu Silvester in einer **Schüssel**.

box [bɒks] *[boks]* **Kiste, Schachtel**; Bild: Mit einem *Box*handschuh auf eine **Schachtel** boxen.

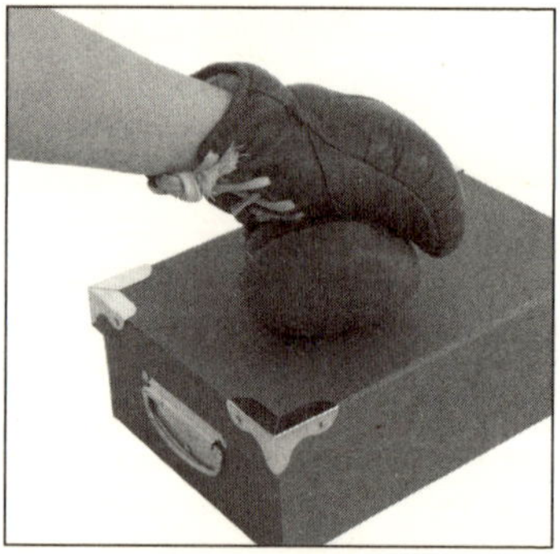

boy [bɔi] *[boi]* **Junge**; Bild: Ein **Junge** klettert auf zwei *Bäu*me.

brain [brein] *[bräin]* **Gehirn**; Bild: Aus dem Kopf (Schädeldecke offen, dort, wo sich das **Gehirn** normalerweise befindet), löffelt jemand einen *Brei* heraus.

brand [brænd] *[bränd]* **Marke**; Bild: Mit einem *Brand*eisen wird das Vieh **mark**iert. Dann ist es ge*brand***markt**.

brave [breiv] *[bräiv]* **tapfer**; Bild: Stille Wasser sind tief. Gerade die, die sehr *brav* erscheinen, sind meist auch **tapfer**.

bread [bred] *[bräd]* **Brot**; Bild: Das **Brot** liegt auf einem *Brett* (Brotschieber).

breakfast [brekfəst] *[bräkfest]* **Frühstück**; Bild: Nach dem **Frühstück** fangen alle zu kotzen an. Es wird ein richtiges *Brechfest*.

breast [brest] *[brest]* **Busen**; Bild: Sie hat mich an ihren **Busen** ge*presst*.

brick [brik] *[brik]* **Ziegelstein, Backstein**; Bild: Ein Haus wird nicht aus **Backsteinen**, sondern komplett aus *Bri*ketts gebaut.

bride [braid] *[braid]* **Braut**; Bild: Die **Braut** ist schon vor der Trauung *breit* (= betrunken).

bridge [bridʒ] *[britsch]* **Brücke**; Bild: Statt einer **Brücke** liegt eine *Pritsch*e über dem Bach.

brief [brif] *[brihf]* **kurz**; Bild: Der *Brief* war sehr **kurz**. »Ich liebe dich.«

bright [brait] *[brait]* **hell, klar, strahlend**; Bild: Als er die *breit*en Reifen sah, bekam er **strahlend**e Augen.

broad [brɔd] *[brohd]* **weit, breit, allgemein**; Bild: Eine *Brod*woschd (Fränkisch für »Bratwurst«) ist also eine **breit** gewaschene »broad washed« Wurst. Vgl. »stone washed«!

broadcast [brɔdkast] *[broadkahst]* **verbreiten (durch Radio)**; Bild: Ein altes **Radio** hat früher **Nachrichten verbreitet**, heute dient es als *Brotkasten*.

broaden [brɔd^{ə}n] *[brohden]* **breiter werden, verbreitern**; Bild: Der *Braten* **verbreitert** sich und wird zu einem riesigen Fleischfladen.

broker [brəʊkə^r] *[broukä]* **Trödler**; Bild: Der **Trödler** auf dem Markt verkauft Stein*brocken*.

broom [brum] *[bruhm]* **Besen**; Bild: Der **Besen** *brum*mt. Bild: Die Hexe auf dem **Besen** macht *»brumm,* brumm!«

brother [brʌðə^r] *[brasä]* **Bruder**; Bild: Mein **Bruder** gibt sein letztes *Brot her*.

brown [braʊn] *[braun]* **braun**; Bild: James *Brown* (Sänger) war ziemlich **braun**.

browse [braʊz] *[braus]* **stöbern**; Bild: Im Schrank nach dem *Brause*pulver **stöbern**.

budge [bʌdʒ] *[badsch]* **sich bewegen, sich rühren**; Bild: Bevor **sich** die Stubenfliege **bewegt**, mach' ich »*badsch*« mit der Fliegenklatsche.

buffalo [bʌfələʊ] *[bafälou]* **Büffel**; *Buffalo* Bill war der bekannteste **Büffel**jäger.

buffer [bʌfəʳ] *[baffä]* **Puffer, Prellbock**; Bild: An einem **Prellbock** sind schöne fette Kartoffel*puffer* angebracht (dann scheppert's nämlich nicht mehr). Bild: Michael *Buffer* (Ansager von Boxkämpfen) hat man an einem **Prellbock** gefesselt aufgefunden.

bugger [bʌgəʳ] *[baggä]* **Scheißkerl**; Bild: Der Typ im *Bagger* ist ein echter **Scheißkerl**.

build [bild] *[bild]* **bauen**; Bild: Auf einem *Bild* sieht man, wie ein Haus ge**baut** wird.

bulk [bʌlk] *[balk]* **große Menge, Masse**; Bild: Eine **große Menge** gestapelter *Balken*.

bull [bʊl] *[bull]* **Bulle, Stier**; Bild: Red *Bull* (Marke) = roter **Bulle**.

bullet [bʊlit] *[bulit]* **Gewehrkugel**; Bild: Statt **Gewehrkugeln** kommen *Bulet*ten aus dem Gewehrlauf.

bullion [bʊliən] *[bullien]* **Barren**; Bild: In der *Bouillon* (Suppe) schwimmen Gold**barren** im Wert von einer Billion Dollar.

bullock [bʊlək] *[bullok]* **Ochse**; Bild: Sandra *Bullock* (Schauspielerin) reitet auf einem **Ochsen**.

bundle [bʌndl] *[bandl]* **Bündel, bündeln**; Bild: Mit einem *Bandl* (Bändchen) kann man Dinge zu einem **Bündel bündeln**. Dann sind sie miteinander ver*bandel*t.

bunk [bʌŋk] *[bank]* **Koje**; Bild: In meiner **Koje** schlafe ich auf einer *Bank*.

burden [bɜdn] *[böhdn]* **belasten, Belastung**; Bild: Eine *Bürde* tragen = **belasten**. Bild: Es ist eine **Belastung**, die *Böden* immer wieder bohnern zu müssen.

bush [bʊʃ] *[busch]* **Busch**; hört sich im Deutschen genauso an.

busk [bʌsk] *[bask]* **Straßenmusik machen**; Bild: Die *Bask*en oder die *Bask*etballer **machen Straßenmusik** und sammeln dann mit ihren *Bas*kenmützen Geld ein.

bust [bʌst] *[bast]* **Büste, Oberweite**; Bild: Die **Büste** wird mit *Bast* umwickelt. Bild: Die **Oberweite** *passt*.

bustle [bʌsl] *[bassl]* **Hektik, Belebtheit**; Bild: Mit **Hektik** ein *Puzzle* zusammensetzen.

but [bat] *[bat]* **aber**; Bild: Ich gehe ins *Bad,* und die schwedische Band **ABBA** spielt mir beim Baden Waterloo (frei übs.: Wasserlassen) vor.

buttery [bʌtəri] *[batäri]* **butterig**; Bild: Die *Batterie* schmeckt **butterig,** nachdem man sie mit Butter eingefettet hat.

butler [bʌtər] *[batlä]* **Diener, Hausdiener, Butler**; Bild: Der **Hausdiener** trinkt das *Bad leer.*

buy [bai] *[bai]* **kaufen**; Bild: Ich **kaufe** *bei* der Supermarktkette ... Bild: Ich **kaufe** Sal*bei.* Übrigens: »*Good bye*« heißt nicht: »*Guter Einkauf*«!

C

caddy [kædi] *[käddi]* **Teedose**; Bild: Der *Caddie* befördert dem Golfspieler sogar die **Teedose**.

cake [keik] *[käik]* **Kuchen**; Bild: Ein **Kuchen** ist aus vielen *Keks*en gemacht (ein sogenannter »kalter Hund«). Bild: Könnte aber auch ein **Kuchen** sein aus *Kacke*. Guten Appetit!

calm [ka:m] *[kahm]* **Ruhe, Windstille**; Bild: Der Stress ging und die **Ruhe** *kam.*

camel [kæml] *[käml]* **Kamel**; Bild: Ein **Kamel** raucht *Camel*-Zigaretten (Marke).

camphor [kæmf ər] *[kämfä]* **Kampfer**; Bild: Ein richtiger *Kämpfer* ernährt sich von **Kampfer.**

can [kən] *[kän]* **können**; Bild: *Ken* **kann***!* Den Ken gibt's nur einmal, Barbies gibt es viele.

cancel [kænsl] *[känsl]* **absagen, rückgängig machen**; Bild: Im **Rückgängig-Machen** ist unsere *Kanzler*in 1a. Bild: Von der *Kanzel* aus predigt der Geistliche: Einen Sündenfall **rückgängig zu machen,** geht nicht mehr.

cancer [kænsər] *[kansä]* **Krebs**; Bild: Der *Kanz*(l)*er* hat **Krebs** (»Bild« Schlagzeile).

canvas [kænvəs] *[känwäs]* **Leinwand**; Bild: Ein Maler, der was auf die **Leinwand** malt, *kann was.*

capital [kæpitl] *[käpitl]* **Hauptstadt**; Bild: In der **Hauptstadt** ist das *Kapital*. Aus dem Fenster des Rathauses fliegt ständig Geld.

car [ka^r] *[kah]* **Auto**; Bild: Mein **Auto** ist eine langsame *Karre*. *Bild:* Ein **Auto**, in dem ein riesiger Karpfen liegt. Bild: Ein **Auto**, in dem ein *Kamel* sitzt.

carefree [keəfri] *[keähfrih]* **sorgenfrei**; Bild: Mit *carefee* (Marke)-Damenbinden **sorgenfrei** sein.

careful [keəfl] *[kähfl]* **achtsam**; Bild: Ist die Schub*karre voll* (mit Eiern), dann musst du ganz **achtsam** sein.

carpenter [kapintə] *[kahpentä]* **Zimmermann**; Bild: Ein Zimmermann mit typischer Zimmermannskleidung (Schlaghose, Hut usw.) liegt im Auto und schläft. Wo ist der **Zimmermann**? »Im *car pennt er*!«

carpet [kapit] *[kahpit]* **Teppich**; Bild: In der Eingangshalle der Firma liegt ein großer **Teppich**, in dem der Schriftzug »*Carpe D*iem« eingewebt ist. Bild: Eine *Karbit*lampe (Gaslampe) fällt auf meinen **Teppich**, der dann zu brennen beginnt.

carry [kæri] *[käri]* **tragen**; Bild: Mariah Carey (Sängerin) **trägt** eine riesige Gewürzdose mit *Curry*.

carter [katə] *[kahtä]* **Fuhrmann**; Bild: Ein **Fuhrmann** ist jemand, der früher mit Pferde- oder Ochsenwagen Waren transportierte. Heute macht das ein (gestiefelter) *Kater*. Bild: Jimmy *Carter* (amerikanischer Präsident) als **Fuhrmann**.

case [keis] *[käis]* **Koffer, Schachtel, Gehäuse**; Bild: In meinem **Koffer** ist ein *Käs* (duftet extra würzig). Bild: Der *Käs* liegt in einer **Schachtel** (Camembert).

cash [kæʃ] *[käsch]* **Bargeld**; Bild: Johnny *Cash* (Sänger) bezahlt mit **Bargeld** seine Gitarre.

cast [kɑst] *[kahst]* **werfen**; Bild: Ich **werfe** einen *Kast*en weg (z.B. ist Briefkastenweitwurf sehr beliebt bei Postboten).

castel [kɑ:sl] *[kahsl]* **Schloss, Burg**; Bild: Auf der **Burg** gibt es *Kassler* Rippchen. Bild: Die *Kastel*ruther Spatzen (Volksmusikanten) geben in einem **Schloss** ein Konzert.

cat [kæt] *[kät]* **Katze**; Bild: **Katze** mit eingebautem *Kat*, damit sie nicht mehr so stinkt.

catch [kætʃ] *[kätsch]* **fangen**; Bild: Die *Ketch*upflasche auf**fangen**.

cater [keitəʳ] *[käitä]* **liefern von Lebensmitteln**; Bild: Der gestiefelte *Kater* **liefert** mir jeden Tag auf einem Fahrrad meine bestellten **Lebensmittel**.

cattle [kætl] *[kätl]* **Vieh (Rindvieh)**; Bild: Das **Rindvieh** ist ange*kettet* (schwere und rasselnde Ketten).

cave [keiv] *[käiv]* **Höhle**; Bild: In der **Höhle** ist ein riesiger *Käf*er.

caver [keivəʳ] *[käivä]* **Höhlenforscher**; Bild: Der **Höhlenforscher** findet an einer Höhlenwand einen seltenen *Käfer*.

cavy [keivi] *[käiwi]* **Meerschweinchen**; Bild: Das **Meerschweinchen** rennt in einem *Käfig* herum.

cease [siːs] *[sihs]* **aufhören, einstellen, beenden**; Bild: *Sieh's* doch ein und **hör auf!**

cedar [siːdəʳ] *[sihdä]* **Zeder, Wacholder**; Bild: *Sieht er* die **Zeder**? Bild: Der Eier*sieder* ist aus **Zeder**nholz.

cellar [seləʳ] *[sellä]* **Keller**; Bild: Der *Seller*ie ist im **Keller** gelagert. Bild: Der **Keller** ist *sehr leer*.

cereal [siəriəl] *[sihriäl]* **Getreide**; Bild: Hört man oft in der Werbung: »Mit wertvollen *Cereal*ien.«

chain [tʃein] *[tschäin]* **Kette**; Bild: Tarzan schenkt *Jane* eine **Kette**.

chap [tʃæp] *[tschäp]* **Freund**; Bild: Der Hund ist mein bester **Freund**, deshalb bekommt er immer das Hundefutter *Chap*pi (Marke).

chapel [tʃæpl] *[tschäpl]* **Kapelle**; Bild: Vor einer **Kapelle** steht Charlie *Chapl*in.

chaplain [tʃæplin] *[tschäplin]* **Kaplan**; Bild: Charlie *Chaplin* war ein **Kaplan** (Priester).

chatter [tʃætəʳ] *[tschättä]* **schwatzen, plaudern**; Bild: Im *Chat* wird ziemlich viel **geschnattert** und **geplaudert**.

cheese [tʃiz] *[tschihs]* **Käse**; Bild: Mit einer Kanone wird ein Käse weggeschossen: Das Kommando für den Abschuss heißt: »*Schieß* **Käse**!« Bild: Jemand *schießt* Löcher in den **Käse**.

chef [ʃef] *[schef]* **Küchenchef**; Bild: Es kann nur einen *Chef* geben und das ist der **Küchenchef**.

chicken [tʃikin] *[tschikn]* **Huhn**; Bild: Das **Huhn** muss sich *schicken*, um in den Hühnerstall zu kommen (es wird wahrscheinlich vom Hahn verfolgt).

chief [tʃif] *[tschihf]* **Chef**; Bild: Da liegt der **Chef** aber *schief*. Bild: Der **Chef** läuft *schief* in der Gegend rum.

child [tʃaild] *[tschaild]* **Kind**; Bild: Ein **Kind** spielt Wikinger und hat ein *Schild*. Auf dem Schild ist ein großes durchgestrichenes »S« aufgemalt.

chimney [tʃimni] *[tschimni]* **Schornstein**; Bild: Der Weihnachtsmann bringt dem *Jim nie* die Geschenke durch den **Schornstein**.

chips [tʃipz] *[tschips]* **Späne, Kartoffelchips, Pommes frites**; Bild: Beim Hobeln der Kartoffeln fallen **Späne**, die dann frittiert werden. Am Ende erhält man die leckeren Kartoffel*chips*.

circle [sɛkl] *[söhkl]* **Kreis**; Bild: Mit einem *Zirkel* male ich einen **Kreis**. Bild: Die *Zirkus*manege ist **kreis**rund.

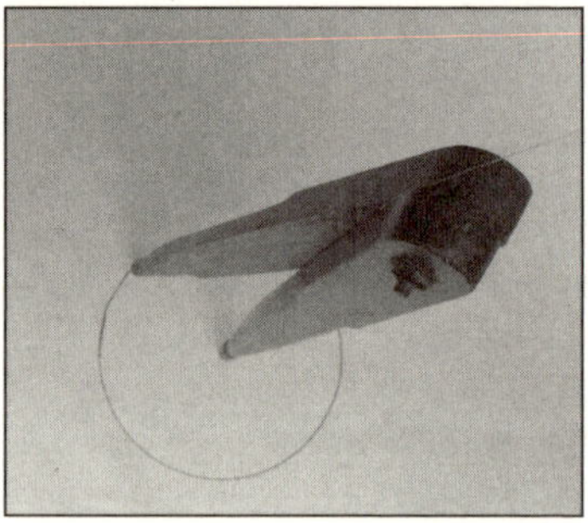

citizen [sitizn] *[sitisn]* **Bürger**; Bild: Ein Politiker verspricht: Für alle **Bürger** der Nation gibt es eine *Citizen* (Marke)-Uhr.

city [siti] *[siti]* **Stadt**; Bild: **Stadt** der Wellen*sitti*che.

civic [sivik] *[siwik]* **städtisch**; Bild: Der Honda *Civic* (Marke) ist ein Auto für den **städtisch**en Bereich.

civil [siv^{ə}l] *[siwill]* **zivil**; Bild: *Sie will* **Zivil**dienst machen. Er nicht.

clam [klæm] *[kläm]* **Muschel**; Bild: Die **Muschel** *klemm*t und lässt sich nicht mehr öffnen.

classy [klasi] *[klahsi]* **erstklassig**; Bild: Schon in der ersten Klasse gab es **erstklassige** *Klarsi*chthüllen.

clatter [klætə^{r}] *[klättä]* **klappern (mit)**; Bild: Beim *Klettern* **klappert** der Bergsteiger **mit** seiner Ausrüstung.

clay [klei] *[kläi]* **Lehm, Ton**; Bild: Auf einem Klumpen **Lehm** (auf einer Töpferscheibe) wächst vierblättriger *Klee*.

clean [klin] *[klihn]* **sauber**; Bild: In der *Klin*ik ist alles **sauber**.

cleanse [klenz] *[klenz]* **reinigen, säubern, läutern**; Bild: Nach der Waschung (religiöses Ritual) *glänz*t nicht nur der Körper, sondern auch die Seele. Alles wurde **gereinigt**.

cleft [kleft] *[kleft]* **gespalten, Spalt**; Bild: Der Erdboden hat sich **gespalten**. Der Hund *kläfft* den **Spalt** an.

clerk [klak] *[klahk]* **Angestellter (Büroangestellter)**; Bild: Willem de *Klerk* (Präsident der Republik Südafrika und Friedensnobelpreisträger) läuft in einem Großraumbüro herum und begrüßt alle **Büroangestellten**. Bild: Alle **Büroangestellten** be*klag*en sich bei ihrem Vorgesetzten.

clever [klevə^{r}] *[klewwä]* **klug, gescheit**; Bild: Nur die **Klug**en und **Gescheit**en benutzten *Kleber*.

climb [klaim] *[klaim]* **klettern**; Bild: Ein **Kletter**er, der in der einen Hand einen Eimer *Kleis*ter hält und mit der anderen auf einem Klavier *climb*ert. MH: Can't see, can't pee, can't *climb* a tree!

clinch [klinʃ] *[klinsch]* **entscheiden, perfekt machen**; Bild: Nachdem die beiden lange im *Clinch* lagen, haben sie am Ende das Geschäft **perfekt gemacht**.

clink [kliŋk] *[klink]* **klirren**; Bild: Die Tür*klink*e war lose und ist **klirrend** zu Boden gefallen.

clock [klɒk] *[klok]* **Uhr**; Bild: In meiner **Uhr** ist eine große *Glock*e eingebaut.

close [kləʊz] *[klous]* **schließen**; Bild: Der Wirt will **schließen**; als der letzte Gast aber nicht gehen will, wirft er einen *Kloß* nach ihm.

closed [kləʊzd] *[klousd]* **geschlossen**; Bild: Das *Klosett* ist **geschlossen** (zugesperrt). Bild: Schild mit der Aufschrift »*closed*« an der Tür vom WC. Tipp: *Klaus*trophobie ist die Angst vor dem Ein**geschlossen**sein.

cloud [klaʊd] *[klaud]* **Wolke**; Bild: Man fragt sich, wer bei strahlend blauem Himmel die **Wolke**n ge*klaut* hat.

club [klʌb] *[klab]* **Keule, Knüppel**; Bild: Im *Club* hat jeder einen **Knüppel**.

clubber [klʌbəʳ] *[klabbä]* **Discobesucher, Nachtclubbesucher, Knüppel**; Bild: Der *Clubber*er (1. FCN-Fan) ist auch ein fleißiger **Discobesucher**.

cluck [klʌk] *[klak]* **gackern**; Bild: Das Huhn hat Stöckelschuhe an, die ziemlich laut klackern (*klack, klack*). Das passt den anderen Hühnern überhaupt nicht, daher fangen sie an zu **gackern**.

clue [klu:] *[kluh]* **Hinweis, Tipp, Spur**; Bild: Wenn man lange in die *Glu*t schaut, bekommt man einen **Hinweis** auf die Zukunft.

coat [kəʊt] *[kout]* **Mantel**; Bild: Auf dem **Mantel** ist ein Haufen Hunde*kot.*

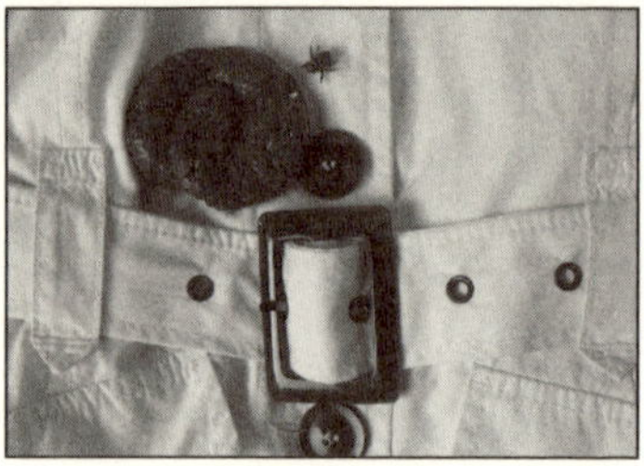

coffin [kɒfin] *[kaffin]* **Sarg**; Bild: Ein Mann trinkt zu viel Kaffee mit *Koff*(e)*in* und fällt direkt in den **Sarg**.

coil [kɔil] *[koil]* **aufwickeln**; Bild: Auf einer *Keul*e ist ein Kabel **aufgewickelt**.

coin [kɔin] *[koin]* **Münze**; Bild: *Koin*e **Münze** für den Einkaufswagen.

cold [kəʊld] [kould] **kalt**; Bild: Ich mach dich **kalt** mit meinem *Colt*.

collar [kɒləʳ] *[kollä]* **Kragen**; Bild: Ich krieg den *Koller*, wenn der **Kragen** bis obenhin zugeknöpft ist.

colleague [kɒlig] *[kolihg]* **Kollege/Kollegin**; Bild: Der Arbeits**kollege** klagt schon seit langer Zeit über Nieren*koli*ken.

coloured [kʌləʳd] *[kalläd]* **bunt**; Bild: Der **bunte** Po*kal leert* sich (kleiner Stöpsel am Boden).

comb [kəʊm] *[koum]* **kämmen**; Bild: Die Musiker in der *Combo* **kämmen** sich die Haare nach hinten, obwohl *kaum* einer noch eine komplette Haartracht besitzt.

come [kʌm] *[kamm]* **kommen**; Bild: Alle **kommen** zum goldenen *K*(L) *amm.*

comfort [kʌmfət] *[kamfet]* **Bequemlichkeit**; Bild: Von zu viel **Bequemlichkeit** *komm*t *Fett.*

commitment [kəmitmənt] *[kommitment]* **Verpflichtung**; Bild: *Komm mit, Men*sch, und **verpflichte** dich bei der Bundeswehr auf zwölf Jahre.

compare [kɔmpɜə] *[kompeä]* **vergleichen**; Bild: Einen *Kompar*sen (Laiendarsteller) kann man nicht mit einem Profi-Schauspieler **vergleichen.**

compel [kəmpel] *[kumpel]* **zwingen, etwas zu tun**; Bild: Seinen besten *Kumpel* **zwingen, etwas zu tun**.

compute [kəmpjut] *[kompjuht]* **rechnen, ausrechnen**; Bild: *Komm,* (dumme) *Pute,* und **rechne** 1 plus 1.

concurrent [kənkʌr^{ə}nt] *[konkurent]* **gleichzeitig**; Bild: Mein *Konkurrent* kommt mit mir **gleichzeitig** ins Ziel.

condition [kəndiʃ^{ə}n] *[kondischen]* **Verfassung, Zustand**; Bild: Wie ist ihr momentaner **Zustand**? *Kann die schon* am Wettkampf teilnehmen?

confirmation [kɒnfəmeiʃn] *[konfämäischn]* **Bestätigung**; Bild: Die *Konfirmation* ist eine **Bestätigung** des Glaubens.

convenience [kənviniəns] *[konwiniäns]* **Bequemlichkeit**; Bild: Aus **Bequemlichkeit** wurde der Bal*kon wie nie ent*stellt (z. B. mit Beton zugegossen).

cook [kʊk] *[kuk]* **kochen**; Bild: *Guck,* da **kocht** Tim Mälzer. Bild: Der Ku*ckuck* wird **gekocht**.

cooper [kuːpə^{r}] *[kuhpä]* **Böttcher, Küfer**; Bild: Gary *Cooper* (Schauspieler) hat sich als **Küfer** verkleidet und stellt Fässer her.

copper [kɒpə^{r}] *[kopä]* **Kupfer**; Bild: David *Copper*field (Zauberer) zaubert aus **Kupfer** Gold.

coral [kɒrəl] *[koräl]* **Koralle**; Bild: *Coral* (Marke) wäscht auch bunte **Korallen**.

corbie [kɒbi] *[kohbi]* **Rabe**; Bild: Der **Rabe** sitzt in einem Einkaufs*korb.*

couch [kaʊtʃ] *[kautsch]* **Couch**; hört sich im Deutschen genauso an.

cough [kɒf] *[kaff]* **husten**; Bild: In dem Kuh-*Kaff* **husten** alle. Wahrscheinlich Schweinegrippe.

country [kʌntri] *[kantri]* **Land, Nation**; Bild: Jeder in diesem **Land** *kann Tri*angel spielen (*Tri*nidad).

coup [kuː] *[kuh]* **gelungener Streich**; Bild: Der *Kuh* einen **Streich** spielen.

court [kɔːt] *[koht]* **Gericht(ssaal), (Spiel)platz**; Bild: Auf dem **Spielplatz** (Tennis) oder im **Gerichtssaal** liegt ein Haufen *Kot*.

cover [kʌvə^{r}] *[kavä]* **Hülle, Plane, Abdeckung, Deckung**; Bild: Den *Koffer* kann man als **Abdeckung** bei starkem Regen benutzen. Bild: Hinter einem *Koffer* in **Deckung** gehen.

cow [kaʊ] *[kau]* **Kuh**; Bild: Die **Kuh** kaut *Kau*gummi und macht Blasen dabei.

coward [kaʊəd] *[kauäd]* **Feigling**; Bild: Ein **Feigling** (jeder kennt einen oder ist selber einer) hat sich wie ein Fötus zusammenge*kauert*.

cowslip [kaʊslip] *[kauslip]* **Schlüsselblume**; Bild: Man bekommt eine **Schlüsselblume** geschenkt, wenn man auf einem *Kauslip (= Kau-Slip)* kaut.

coy [kɔi] *[koi]* **geheimnistuerisch**; Bild: Wenn es um den *Koi* (japanischer Zierkarpfen) geht, verhalten sich alle sehr **geheimnistuerisch**.

cradle [kreidl] *[kräidl]* **Wiege**; Bild: Bei der Hexe ist Hänsel hinter Gittern und *Gretel* liegt in einer **Wiege**.

craft [kraft] *[krahft]* **Handwerk**; Bild: Man braucht *Kraft*, um sein **Handwerk** auszuführen. (Mann, der mit dem durchtrainierten Oberkörper schaufelt).

cranberry [krænbəri] *[kränbärri]* **Moosbeere**; Bild: Mit einem kleinen Tisch*kran berei*te ich gebackenen Camembert mit **Moosbeeren**.

crank [kræŋk] *[kränk]* **Kurbel**; Bild: Ich liege sehr *krank* im Bett, vor Fieber fange ich an zu fantasieren: Ein Arzt sitzt neben meinem Bett, baut mir eine **Kurbel** an meinen Kopf und dreht daran.

crap [kræp] *[kräp]* **kacken, Scheiße**; Bild: Auf *Krepp*papier **Scheiße kacken**.

creek [krik] *[krihk]* **Bucht**; Bild: In einer **Bucht** (Schweinebucht) wird *Krieg* geführt (gespielt).

crises [kraisis] *[kraisis]* **Krise**; Bild: Wenn man in einer **Krise** steckt, versucht man alles – auch das, was unmöglich scheint. Dann spricht man von der »Quadratur des *Kreises*«.

crook [krʊk] *[kruhk]* **Gauner**; Bild: Der **Gauner** hat einen *Krug* geklaut.

cross [krɒs] *[kros]* **Kreuz, Kreuzung, kreuzen**; Bild: Das **Kreuz** ist *groß*.

crowd [kraʊd] *[kraud]* **Menschenmenge**; Bild: In einer **Menschenmenge** (Love-Parade) essen alle Sauer*kraut*.

cruise [kruz] *[kruhs]* **Schiffsreise**; Bild: Mit Tom *Cruise* (Schauspieler) auf einem Traumschiff eine **Schiffsreise** machen.

crunchy [krʌntʃi] *[krantschi]* **knusprig**; MH: Steht auf vielen Müsliverpackungen, wo geröstetes Müsli drin ist.

cry [kraɪ] *[krai]* **weinen**; Bild: **Weinen** und *gre*inen ist das Gleiche.

cube [kjub] *[kjub]* **Würfel**; Bild: Zwei *Kub*aner mit großen Zigarren sitzen an einem kleinen Tisch und spielen ein **Würfel**spiel.

cucumber [kjukʌmbə^{r}] *[kjukambä]* **Gurke**; Bild: Die **Gurke** wächst in der *Kuh-Kammer* (Stall).

culprit [kʌlprit] *[kalprit]* **Angeklagter**; Bild: Der **Angeklagte** wird beschuldigt, weil er auf einem *Kalb ritt*.

cult [kʌlt] *[kalt]* **Kult, Verehrung**; Bild: Vom Eisessen bis zum Skifahren – alles *Kalt*e wird zum **Kult**.

cumin [kʌmin] *[kamin]* **Kreuzkümmel**; Bild: Der alte **Kreuzkümmel** wird in den *Kamin* geschüttet.

cunt [kʌnt] *[kant]* **Fotze**; Bild: Immanuel *Kant* (Philosoph) hätte das Wort »**Fotze**« nie in den Mund genommen.

cup [kʌp] [kap] **Tasse**; Bild: Die **Tasse** steht auf einer Baseball*kapp*e.

cure [kjuə] *[kjuä]* **heilen**; Bild: Geht man auf *Kur,* wird man aus*kur*iert bzw. **geheilt**.

curious [kjʊəriəs] *[kjuriäs]* **neugierig**; schwer zu merken, weil dieses Wort im Deutschen auch existiert. Nur ist »kurios« kein Synonym für »neugierig«. Die Redewendung »*Curious*ity killed the cat«, die so viel bedeutet wie: »Sei nicht so **neugierig**«, könnte helfen.

currently [kʌr^{ə}ntli] *[karäntli]* **zurzeit**; Bild: Die *Kuh rennt l*inks **zurzeit** herum. Bild: Mein *Karren TLY* ist **zurzeit** in der Werkstatt.

curse [kɜs] *[köhs]* **verfluchen**; Bild: Ich **verfluche** den Englisch*kurs*.

customer [kʌstəmə^{r}] *[kastamä]* **Kunde**; Bild: Im Reisebüro: »Guten Tag, ich möchte gerne mal ein *Gast am Meer* sein.« – »Natürlich, der **Kunde** ist ja schließlich König.« Bild: Die **Kundin** interessiert sich ausschließlich für *Kostüme*.

cut [kʌt] *[kat]* **schneiden**; Bild: Ein Pla*kat* auseinander**schneiden**.

D

dab [dæb] *[däb]* **Klecks, Klaps**; Bild: Der (Johnny) *Depp* (Schauspieler) bekommt mit verschmierten Händen einen **Klaps** auf den Hintern. Jetzt ist auch noch ein **Klecks** auf seiner Hose.

dad [dæd] *[däd]* **Papa**; Bild: *D.A.D.* ist keine Abkürzung für »Der alte Depp«.

daddy longlegs [dædilɔŋlegz] *[dädilongIägs]* **Schnake**; Bild: Papas (*Daddys*) Kopf mit vielen ganz langen (**Schnake**n-)Beinen.

daisy [deizi] *[däisi]* **Gänseblümchen**; Bild: *Daisy* Duck oder Moshammers *Daisy* haben ein **Gänseblümchen** im Haar bzw. im Maul.

damn [dæm] *[dämm]* **verdammen**; Bild: In der *Dämm*erung **verdammt** ein Medizinmann die Nacht.

dance [dɑːnts] *[dahnts]* **Tanz, tanzen**; Bild: In *Danz*ig ist es verboten zu **tanzen**.

dandruff [dændrəf] *[dändref]* **Schuppen (Kopf)**; Bild: Habe ich **Schuppen**, hau ich *dann druff* – und schon sind sie weg.

dangerous [deindʃʒərəs] *[däintschäres]* **gefährlich**; Bild: Oettinger fährt mit seinem Sekretär nach Australien und nimmt an einer Safari teil. Mit einem Gewehr ausgestattet, möchte er sich ein Souvenir schießen. Als Erstes sehen sie ein Riesenkänguru, Oettinger legt an, drückt ab, trifft, und das Tier fällt tot um. Sekretär: »Sag mal, Günther, was ist denn das für ein Tier?« Oettinger: »Sieht man doch: ein Hüpf-*Dängoruh*.« Sekretär: »Ah, ja!« Oettinger nimmt nun einen Raubvogel aufs Korn und schießt ihn ab. Der Raubvogel stürzt ab und landet genau vor ihren Füßen. Sekretär: »Was ist denn das nun für ein Tier?« Oettinger: »Siehst du das nicht? Das ist ein fliegendes *Dängoruh*!« Sekretär: »Aha!« Gleich darauf läuft den beiden ein Tiger vor den Lauf. Oettinger legt erneut an, drückt ab, und der Tiger fällt um. Sekretär: »Na, und was soll das nun sein?« Oettinger: »Hier handelt es sich um ein vierbeiniges *Dängoruh*!« Sekretär: »Sag mal, Günther, woher weißt du eigentlich so genau, wie die **gefährlichen** Tiere hier alle heißen?« Oettinger: »Na, ist doch ganz einfach. Auf dem Schild vor der Einfahrt in den Nationalpark steht: ›All these animals are *dangerous*!‹«

dark [dɑk] *[dahk]* **dunkel, finster**; Bild: Menschen aus *Turk*menistan haben **dunkle** Haare; Bild: Jeanne *d'Arc* (Frau in Ritterrüstung) lebte im **finster**en Mittelalter und wurde auf dem Scheiterhaufen verbrannt. Alles um sie herum ist **dunkel** und finster.

dash [dæʃ] *[däsch]* **Prise**; Bild: Eine **Prise** (eine Prise ist die Menge, die zwischen Daumen und Zeigefinger passt) *Dash*-Waschmittel in die Suppe: Guten Appetit!

daughter [dɔtə^r] *[dohtä]* **Tochter**; Bild: Die Sorge des Vaters: »*Taugt er* für meine **Tochter**?«

day [dei] *[däi]* **Tag**; Bild: Heute ist ein schöner **Tag**, heute gibt's *däi* (Fränkisch für »Tee«), so viel ich mag.

deal [dil] *[dihl]* **handeln**; Bild: In der *Diel*e wird mit allem **gehandelt** (Geld, Obst, Fisch, Brot usw.).

dean [din] *[dihn]* **Dekan**; Bild: James *Dean* und *Dean* Martin (Schauspieler) sind **Dekane**. Das sind Vorsteher einer Gruppe von Priestern.

dear [diə^r] *[diä]* **Liebling**; Bild: Im Deutschen sagt man zu seinem **Liebling** Spatzilein, Mausi, Täubchen, Brummelbärchen und dergleichen, im Englischen benutzt man gleich den Sammelbegriff: *Tier*.

death [deθ] *[däs]* **Tod**; Bild: Der **Tod** (Sensenmann) lispelt, zeigt mit seinen knorrigen Fingern auf mich und sagt: Du bist des To*des*.

debt [det] *[det]* **Schuld**; Bild: Den *Depp* triffts immer. Er hat auch die meisten **Schuld**en.

decanter [dikæntə^r] *[dikäntä]* **Karaffe**; Bild: »Dekantieren« ist vielleicht den Weinkennern bekannt: »*Die kennt er*, die **Karaffe**.«

decide [disaid] *[disaid]* **entscheiden**; Bild: *Die Seite* oder die andere Seite? *Die Seite* zu wechseln, ist gar nicht so einfach. Ich kann mich nicht **entscheiden**.

deck [dek] *[dek]* **Deck**; Bild: Auf *Deck* liegen und sich mit einer **Decke** zudecken.

declare [dikleə^r] *[dikleä]* **erklären**; Bild: Die Betreiber **erklären** *die Klär*anlage.

deer [diə^{r}] *[diä]* **Reh, Hirsch**; Bild: Ich schenke *dir* ein **Reh**. Bild: Das *Tier* ist ein **Reh**.

defence [difens] *[difens]* **Verteidigung**; Bild: *Die Fans* sind ein Teil der **Verteidigung**.

delight [dilait] *[dileit]* **Freude, Entzücken, erfreuen**; Bild: *Die Le(i)ut* **erfreut** es, dass es immer weniger *Delikte* gibt.

deliver [dilivə^{r}] *[dilivä]* **liefern, ausliefern**; Bild: *Der liefer*t pünktlich.

dell [del] *[del]* **Tal (kleines Tal)**; Bild: In einem **kleinen Tal** werden *Dell*-Computer gehandelt.

demand [dimɑnd] *[dimahnd]* **verlangen**; Bild: Das **Verlangen** nach dem *Diamant*en ist sehr stark.

deny [dinai] *[dinai]* **verneinen**; Bild: *Die* sagt *nei*n – das heißt, sie **verneint**.

depend [dipend] *[dipend]* **abhängen von**; Bild: Ob *die pennt*, **hängt** davon **ab**, wann sie gestern ins Bett ist. Bild: Wohin *de*r *Pend*el ausschlägt, **hängt** davon **ab**, woran du gerade denkst.

derrick [derik] *[derik]* **Lastkran, Bohrturm**; Bild: Stephan *Derrick* wurde in der letzten Folge erhängt an einem **Lastkran** aufgefunden.

describe [diskraib] *[diskraib]* **beschreiben**; Bild: E*s kribbe*lt mir in den Fingern, den Tathergang zu **beschreiben**.

desert [dezət] *[dessät]* **Wüste**; Bild: Ich sitze auf einer Düne in der **Wüste** und esse mein Lieblings*dessert*. Achtung: Nicht verwechseln mit »dessert« (Englisch für »Nachtisch«); den kann man essen und hat deshalb zwei **ss** in der Mitte. Bild: Ein Soldat *desert*iert und steht allein in der **Wüste**.

desire [dizaiə^{r}] *[disaiä]* **Wunsch**; Bild: Wenn *die Sire*ne losgeht, hat jeder einen **Wunsch** frei. Bild: Ich habe nur einen **Wunsch**: Ich **wünsche** mir *diese Eier* zu Ostern.

desperate [despərət] *[desperät]* **verzweifeln**; Bild: Serie: »*Desperate* Housewifes« (Fernsehsendung) – **Verzweifelte** Hausfrauen.

despite [dispait] *[dispait]* **trotz**; Bild: *Die speit* **trotz** einer ausgewogenen Ernährung immer wieder.

destroy [distrɔi] *[distroi]* **zerstören**; Bild: *Die Streu*bomben **zerstören** alles.

detect [ditekt] *[ditekt]* **entdecken**; Bild: Der *Detekt*iv (Sherlock Holmes) **entdeckt** unter einer Decke die Tatwaffe.

deter [ditɜː^{r}] *[ditöhä]* **verhindern, abhalten**; Bild: Wir müssen unbedingt **verhindern**, dass der *Dieter*

Bohlen schon wieder ins Fernsehen kommt.

devil [devl] *[däwl]* **Teufel**; Bild: Der **Teufel** tanzt auf den bayerischen *De-fi*liermarsch. Bild: Der **Teufel**, *der will* immer das Böse.

dig [dig] *[dig]* **graben**; Bild: Ein *dic*ker Mann **gräbt** ein Loch.

digest [daidʒest] *[daidschest]* **Kurzfassung, Auszug**; Bild: Das ist die **Kurzfassung** vom *Deutschtest.*

digger [digə^{r}] *[diggä]* **Bagger**; Bild: Ein *dicker* Mann sitzt in einem **Bagger**.

dimple [dimpl] *[dimpl]* **Grübchen**; Bild: Ein *Tümpel* ist ein kleines **Grübchen** im Boden, gefüllt mit Wasser. MH: Die Vertiefungen auf den Golfbällen heißen auch Dimples.

dinner [dinə^{r}] *[dinnä]* **Hauptmahlzeit, (Mittagessen, Abendessen)**; Bild: Man wird nicht *dünner*, wenn man zu viele **Hauptmahlzeit**en zu sich nimmt.

dinosaur [dainəsɔː^{r}] *[dainäsoh]* **Dinosaurier**; Bild: *Deine sauern* Gurken sind so alt wie die **Dinosaurier**.

diner [dainə^{r}] *[deinä]* **Imbiss, Speisewagen am Straßenrand, Mittagsgast**; Bild: Zwei Frauen unterhalten sich über ihre Männer: »Was macht denn *deiner?*« – »Der arbeitet in einem **Imbiss.**« (siehe auch *miner*)

dire straits [daiə^{r}streits] *[daiästräits]* **ernste Notlage**; Bild: Die *Dire Straits* (Kultband) befinden sich in einer **ernsten Notlage**. (Wörtlich übersetzt heißt »dire straits« »entsetzliche Meerenge«.)

disaster [dizɑstə^{r}] *[disahstä]* **Katastrophe**; Bild: *Diese Aster* ist geknickt: Das ist eine **Katastrophe**.

disc [disk] *[disk]* **Scheibe**; Bild: Ein *Disk*uswerfer wirft eine **Scheibe** weg; Bild: *Disc*o kommt von **Scheiben** (Schallplatten) auflegen.

discover [diskʌvə^{r}] *[diskaffä]* **entdecken, finden**; Bild: Mit *dies*em *Koffer* **entdecke** ich die Welt. Den hatte auch Christoph Kolumbus bei sich, als er Amerika entdeckte.

disgust [disgʌst] *[disgast]* **Ekel**; Bild: *Dies*er *Gast* löst regelrecht **Ekel** aus (Maden im Gesicht).

dish [diʃ] *[disch]* **Schüssel, Schale**; Bild: Auf dem *Tisch* steht eine Obst**schale.**

dismal [dizməl] *[dismal]* **düster, trostlos**; Bild: *Diesmal* ist alles so **düster** und **trostlos.**

distiller [distilə^{r}] *[distillä]* **Destillateur**; Bild: *Die Stiller*in stillt ihr Baby. In ihrer Brust ist ein **Destillateur** eingebaut.

distinct [distiŋkt] [distinkt] **ausgeprägt**; Bild: *Die stinkt* sehr **ausgeprägt**.

distinguish [distiŋgwiʃ] [distingwisch] **charakterisieren**; Bild: *Die stinkt* wie ein *Wisch*lappen: Das **charakterisiert** sie.

district [distrikt] *[distrikt]* **Bezirk**; Bild: *Die strickt* im **Bezirk** (Rotlichtbezirk). Bild: Dort, wo *die strick*en. In einem ganz bestimmten Stadt**bezirk** darf gestrickt werden, in allen anderen nicht.

disturb [distɜb] *[distöhb]* **stören**; Bild: *Diese Turb*ine (Flugzeugturbine), die im Büro steht, **stört** enorm. Zu groß, zu laut und macht zu viel Wind. Bild: Beim *Disturb*ieren (was immer das auch sein mag) lässt man sich ungern **stören.**

divide [divaid] *[diwaid]* **sich teilen, gliedern**; Bild: *Die Weid*e **teilt sich** in zwei Hälften (wie das Wasser bei Moses). Die Kühe gucken dumm in den Abgrund. Bild: 4 Äpfel werden **aufgeteilt** auf 2 Personen. Mathematisch ausgedrückt: »4 *divid*iert durch 2«. MH: Divide hat genauso wie das Zeichen für geteilt (:) zwei Punkte.

divine [divain] *[diwain]* **göttlich**; Bild: *Der Wein* schmeckt **göttlich**.

dixie [diksi] *[diksi]* **Kochgeschirr, Feldkessel**; Bild: In der *Dixie*-Toilette hängt das **Kochgeschirr**.

dodder [dɒdə^{r}] *[doddä]* **wacklig gehen**; Bild: Beim Eierlauf mit einem Ei*dotter* **geht** man **wacklig**.

dog [dɒg] *[dog]* **Hund**; Bild: Mein **Hund** ist eine *Dog*ge.

dog handler [dɒg handler] *[doghandler]* **Hundeführer**; Bild: Der *Dog*gen*händler* verkauft nicht nur Doggen (Hunde), sondern gleich den passenden **Hundeführer** dazu.

dole [dəʊl] *[doul]* **Arbeitslosenunterstützung**; Bild: Alle Leute, die aus der Arbeitsagentur kommen (somit auch **Arbeitslosenunterstützung** bekommen), haben eine *Dohle* auf dem Kopf. Bild: ... oder *Dole*-Bananen (Marke).

doll [dɒl] *[doll]* **Puppe**; Bild: Die **Puppe** hab ich ganz *doll* lieb.

dome [dəʊm] *[doum]* **Kuppel**; Bild: Von einem *Dom* fällt die **Kuppel** ab.

donate [dəʊneit] [dounäit] **spenden**; Bild: Einen *Donut* in eine **Spenden**büchse werfen.

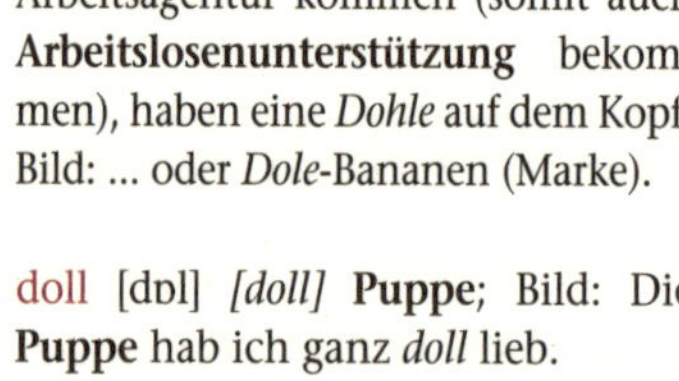

donkey [dɒŋki] *[danki]* **Esel**; Bild: Statt »Danke« kann man auch *»donkey«* sagen und dann auch noch meinen. Der andere wird »Danke« verstehen und wird in der Regel nicht mehr nachfragen oder sich aufregen. Gemeint war natürlich: **Esel.**

doodle [duːdl] *[duhdl]* **hinkritzeln, Gekritzel**; Bild: Ein *Dudel*sack wird schnell **hingekritzelt.**

doubt [daʊt] *[daut]* **Zweifel**; Bild: Blick in die Toilette: »Kein **Zweifel**, er hat's ver*daut.*«

dove [dʌv] *[dav]* **Taube**; Bild: Die *dove* **Taube** ist ganz schön *tough.* Bild: Die **Taube** sprüht sich mit einem *Dove*-Deo (Marke) die Flügelachseln ein.

down [daʊn] *[daun]* **hinunter, nach unten**; Bild: Frau Holle schüttelt die *Daun*en **nach unten** auf die Erde.

dozen [dʌzn] *[dassn]* **Dutzend**; Bild: Zwölf (ein **Dutzend**) Tassen. Aufgehängt an den Henkeln und durchnummeriert, vier Reihen à drei *Tassen.*

dragon [dræg^{ə}n] *[drägen]* **Drachen**; Bild: Den *trägen* **Drachen** zu fangen, ist nicht schwer.

drake [dreik] *[dräik]* **Erpel, Enterich**; Bild: Der **Enterich** spielt im *Dreck.*

draw [drɔː] *[droh]* **zeichnen**; Bild: Ich werde mit einer Waffe be*droh*t und muss die Schatzkarte aus dem Gedächtnis **zeichnen.**

dribble [dribl] *[dribbl]* **sabbern, tropfen, dribbeln**; Bild: Babys *dribbeln* den Ball direkt zum Tor und dabei **sabbern** sie so sehr, dass sie aufpassen müssen, nicht darauf auszurutschen.

drill [dril] *[drill]* **bohren, Bohrer, Übung**; Bild: Ein Kind macht mit dem *Drill***bohrer** eine **Bohrübung.**

drink [driŋk] *[drink]* **trinken, Getränk**; Bild: *Trink* dein **Getränk** aus. Wir wollen jetzt gehen!

drop [drɒp] *[drop]* **Tropfen**; Bild: Ein Wasser**tropfen** *trop*ft aus dem Wasserhahn.

drowse [draʊz] *[draus]* **müde, schläfrig machen, schlummern**; Bild: Wenn ich *drauß*en bin, bin ich immer so **müde.** In der Luft scheint ein Gas zu sein, das schläfrig macht.

drummer [drʌme^{r}] *[drammä]* **Trommler**; Bild: Es ist immer ein großes *Drama,* bis unser **Trommler** auf die Bühne kommt.

dry [drai] *[drai]* **trocken**; Bild: *Drei* aus**getrocknete** Pflaumen (Trockenobst) in der Wüste.

dryer [drai^{ə}r] *[draiä]* **Wäschetrockner, Föhn**; Bild: Aha, ein »flotter *Dreier*« ist also ein schneller **Wäschetrockner!**

dry rot [drairɒt] [drairot] **Hausschwamm**; Bild: Die Kinder dürfen mit dem *Dreirad* das Zimmer nicht mehr befahren, da sich an den Wänden der **Hausschwamm** gebildet hat.

duck [dʌk] *[dak]* **Ente**; Bild: Der *Dackel* verfolgt die **Ente**.

dude [du:d] *[duhd]* **feiner Pinkel**; Bild: Der **feine Pinkel** *tut* immer so, als ob er was Besonderes wäre.

dull [dʌl] *[dall]* **langweilig, niveaulos**; Bild: Karl *Dall* (Komiker) ist **langweilig** und **niveaulos**.

dumb [dʌm] *[dam]* **stumm**; Bild: Auf dem *Damm* steht jemand, der schreien möchte und nicht kann, weil er **stumm** ist.

dust [dʌst] *[dast]* **Staub**; Bild: Alles ist voller **Staub**, mit der Zeit ist die Kehle trocken und du bekommst *Du*(r)*st*.

Dutch [dʌtʃ] *[datsch]* **Holländer**; Bild: Dem **Holländer** in Landestracht (mit Holzschuhen usw.) auf den Kopf *datsch*en (= tätscheln).

DVD [di:vi:di:] *[dihwihdih]* **DVD**; Bild: Wenn man richtig *dividie*rt, bekommt man eine **DVD** geschenkt.

dwindle [dwindl] *[dwindl]* **schwinden, sich vermindern**; Bild: Die *Windel*n **vermindern** sich.

E

eagle [igl] *[ihgl]* **Adler**; Bild: Der **Adler** frisst einen *Igel*. Bild: Der **Adler** landet auf einem *Igel*.

ear [iər] *[ihä]* **Ohr**; Bild: Ich knabbere *ihr* **Ohr** an.

earlobe [iə^{r}ləʊb] *[ihäloub]* **Ohrläppchen**; Bild: *Ihr Lob* galt seinen **Ohrläppchen**.

easel [iz^{ə}l] *[ihsl]* **Staffelei**; Bild: Ein *Esel* trägt eine **Staffelei**.

easy [izi] [ihsi] **leicht, bequem**; Bild: R*isi* B*isi* (Reis mit Erbsen) geht ganz easy (**leicht**).

effective [ifektv] *[i'fektiv]* **wirksam**; Bild: Aha, *er fegt tief* im Keller – das ist nicht besonders **wirksam**.

egg [eg] *[eg]* **Ei**; Bild: Das **Ei** am (Haus-) *eck* aufschlagen.

either ... or [aiðə^{r} ... ɔ^{r}] *[eider ... ohä]* **entweder ... oder**; Bild: **Entweder** habe ich ein *Eiter-Ohr* **oder** nicht.

elder [eldə^r] *[eldä]* **älter, Holunder**; Bild: Die *Elter*n sind immer **älter**. Bild: Wenn man **Holunder**saft trinkt, wird man *älter*.

election [ilektʃn] *[i'lektschn]* **Wahl**; Bild: *Er leckt schön* Eis bei der Bundestags**wahl** in der **Wahl**kabine.

elf [elf] *[elf]* **Elf, Elfe**; Bild: Eine **Elfe** schießt einen *Elf*meter.

embarrassing [imbærəsiŋ] *[imbäresing]* **peinlich, verlegen, beschämend**; Bild: *Zum Barras hin*gehen (Bundeswehr) müssen, ist **peinlich**.

enemy [enəmi] *[enemi]* **Feind**; Bild: »Ene mene mu – und *enemy* bist du!« (Du bist der **Feind** – erfundener Abzählreim)

engine [endʒin] *[entschin]* **Maschine**; Bild: Ein **Maschinen**bau-*enschin*ör (Maschinenbauingenieur) zeichnet auf dem Reißbrett eine Maschine.

engulf [ingʌlf] *[ingolf]* **verschlingen**; Bild: *Ingolf* Lück (Entertainer) **verschlingt** Nudeln.

enter [entə^r] *[entä]* **hineingehen, eintreten**; Bild: Der *Ente*rich (männliche Ente) **geht hinein** ins Gehege.

enterprise [entəpraiz] *[entäprais]* **Unternehmen, Vorhaben**; Bild: Die »*Enterprise*« steht für das **Vorhaben**, unendliche Weiten und neue Welten zu erforschen. Es könnte aber auch ein großes **Vorhaben** sein, den *Entenscheiß* von der Fußsohle wegzukriegen.

envy [envi] *[enwi]* **Neid**; Bild: *N wie* **Neid**.

equal [ikwəl] *[ikwäl]* **gleich**; Bild: Es ist mir *egal* im Sinne von: Es ist mir **gleich**. Es ist *eh* eine *Qual*.

error [erə^r] *[errä]* **Irrtum, Fehler**; Bild: T*error*ismus ist ein einzig großer **Fehler**.

etch [etʃ] *[etsch]* **ätzen**; Bild: Die *Etsch* (Fluss in Italien) besteht aus einer **ätzen**den Flüssigkeit; wenn man da die Hand hineintaucht, kommt sie nur noch skelettiert heraus.

event [ivent] *[iwent]* **Ereignis, Veranstaltung**; Bild: *Event*uell gehen wir auf eine **Veranstaltung**.

evidence [evidəns] *[ewidäns]* **Zeugenaussage, Beweis**; Bild: *Evi tänz*elte. Alle **Zeugenaussagen** sind identisch.

execrable [eksikrəbl] *[eksikräbl]* **abscheulich**; Bild: Wenn die *Echse krabbelt* (Rieseneidechse, z.B. Waran) ist sie besonders **abscheulich** und **scheußlich**.

exhaust [igzɔst] *[igsohst]* **Auspuff**; Bild: Die H*exe haust* auf ihrem Besen und hat einen **Auspuff**, der extrem raucht.

exhaust [igzɔst] *[igsohst]* **erschöpfen, entleeren**; Bild: Der *Ex haust* in einem Kellerloch, das ständig von Hochwasser überflutet ist. **Er schöpft sein** Kellerloch mit einer Schöpfkelle aus.

exhibit [igzibit] *[igsibit]* **ausstellen, zeigen**; Bild: Ein *Ex-Hippie* wird im Wachsfigurenkabinett **ausgestellt**.

exist [igzist] *[igsist]* **vorhanden**; Bild: Die *Ex* (Freundin) *ist* immer noch **vorhanden**. Sie sitzt auf dem Sofa (oder der Bettkante).

expand [ikspænd] *[ikspänd]* **ausdehnen**; Bild: Den *Expand*er **ausdehnen**.

experience [ikspiəriəns] *[ikspiäriäns]* **Erfahrung**; MH: Bei chemischen *Experi*menten mit Säuren kommt es darauf an, dass man die Säure in das Wasser gießt und nicht umgekehrt. (»Zuerst das Wasser, dann die Säure, sonst passiert das Ungeheure!«) Wenn man diesen Merksatz nicht kennt, hilft oft nur die **Erfahrung**. Verätzungen auf Haut und Kleidung sind dann oft schmerzlich.

eye [ai] *[ai]* **Auge**; Bild: Ein *Ei* ist bemalt mit einem **Auge**.

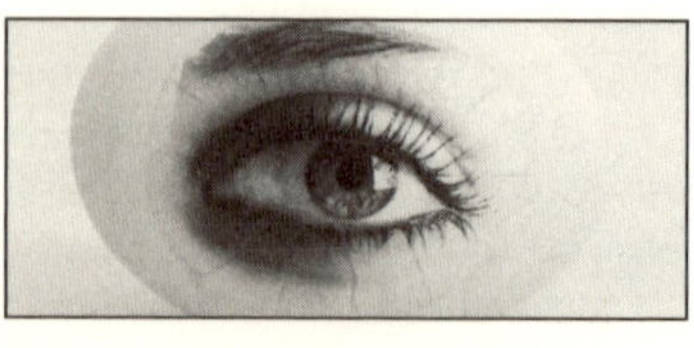

F

fabric [fæbrik] *[fäbrik]* **Stoff, Gewebe**; Bild: In einer *Fabrik* (mit vielen Webstühlen nebeneinander) werden **Stoffe** hergestellt.

face [feis] *[fäis]* **Gesicht**; Bild: Mit dem **Gesicht** ein *F*(r)*a*(t)*ze* machen.

fade [feid] *[fäid]* **welken, verblassen**; Bild: Die Blumen **verwelken** und sehen sehr *fade* aus.

faggot [fægət] *[fäget]* **Schwuler**; Bild: Ein **Schwuler** spielt *Fagott*.

fail [feil] *[fail]* **misslingen**; Bild: Es **misslingt** immer, die Fingernägel zu *feil*en. (Feile bricht ab)

falter [fɔːltə^{r}] *[fohltä]* **stocken, nachlassen**; Bild: Der *Falter* **stockt** beim Fliegen. Bild: Die Schmerzen bei der *Folter* **lassen nach**.

fare [feə^{r}] *[feäh]* **Fahrpreis**; Bild: Der **Fahrpreis** ist *fair*.

farmer [fɑmə^{r}] *[fahmä]* **Bauer, Bäuerin**; Bild: Der **Bauer** hat sich als *Pharma*vertreter verkleidet.

fashion [fæʃn] *[fäschn]* **Mode**; Bild: *Fasching*smode ist auch **Mode**. Auf dem Laufsteg werden Faschingskostüme präsentiert.

fasten [fɑsn] *[fahsn]* **befestigen, zumachen**; Bild: Beim **Zumachen** des Gürtels merke ich, dass ich doch *phasen*weise hätte *fasten* sollen.

father [fɑðə^{r}] *[fahdä]* **Vater**; Bild: Der **Vater** gibt sein Auto auch pri*vat her*.

fatigue [fəti:g] *[fätihg]* **Ermüdung, Müdigkeit, Ermattung**; Bild: Ich bin absolut *fertig*. Die **Ermüdung** hat mich übermannt.

fatten [fæt^{ə}n] *[fätten]* **mästen**; Bild: Bevor die *fetten* Gänse geschlachtet werden, muss man sie **mästen**.

fault [fɔlt] *[fohlt]* **Fehler**; Bild: Die Frucht *fault* – ist daher **fehler**haft und kommt nicht in die Obstauslage.

fee [fi] *[fih]* **Gebühr**; Bild: Wenn man nicht eine Wunsch**gebühr** abgibt, erfüllt die *Fee* keinen einzigen Wunsch.

feeble [fibl] *[fihbl]* **schwach, kläglich**; Bild: Aus der Lese*fibel* konnte er nur **kläglich** vorlesen.

feeling [filiŋ] *[fihling]* **Gefühl**; Bild: Nach meinem **Gefühl** ist da zu *viel Ing*wer dran.

fellow [feləʊ] *[fellou]* **Kamerad, Kerl**; Bild: Mein lieber **Kamerad** (Bundeswehrkamerad): »Irgendwann zieh' ich dir das *Fell ab*!«

fence [fens] *[fens]* **Zaun**; Bild: In einem Latten**zaun** ist ein *Fens*ter eingebaut. Bild: Jemand wirft einen **Zaun** aus dem *Fens*ter.

festoon [festun] *[festuhn]* **Girlande**; Bild: Auf *Fest*en muss man die **Girlanden** *fest tun*, sonst werden sie wieder von Betrunkenen heruntergerissen.

file [fail] *[fail]* **Aktenordner, Datei**; Bild: Mit einer *Feil*e das runde Fingerloch im **Aktenordner** ausfeilen.

find [faind] *[faind]* **Fund, Entdeckung**; Bild: Der *Feind* hatte die **Entdeckung** zuerst gemacht.

finger [fiŋgə^{r}] *[fingä]* **Finger**; hört sich im Deutschen fast genauso an.

fingering [fiŋg^{ə}ring] *[fingäring]* **Fingertechnik, Fingersatz**; Bild: Beim Ausprobieren des **Fingersatzes** am Klavier fiel der *Fingerring* ab.

finish [finiʃ] *[finisch]* **beenden, vollenden**; Bild: Wenn die Finnen was anfangen, dann machen sie es auch zu Ende. Daher ist es eine *finnisch*e

Eigenschaft, alles zu **beenden**. Bild: Am **Ende** eines Films liest man oft »*finish*«, damit will man zeigen, dass man wie die Finnen gearbeitet hat.

fir [fɜʳ] *[föhr]* **Tanne**; Bild: Die *4* sieht aus wie eine halbe **Tanne**. Bild: Auf der Insel *Föhr* steht eine einzige **Tanne**.

fire [faiəʳ] *[feiä]* **Feuer**; Bild: Auf einer Weihnachts*feier* bricht **Feuer** aus.

first [fɜst] *[föhst]* **erste, erster**; Bild: Ein Kletterer klettert als **Erster** ein Haus hoch und steckt ein kleines Gipfelkreuz in den Dach*first*.

fish [fiʃ] *[fisch]* **Fisch**; hört sich im Deutschen genauso an.

fish cake [fiʃkeik] *[fischkäik]* **Fischfrikadelle**; Bild: Aus *Fischkacke* wird eine **Fischfrikadelle** geformt und in der Pfanne gebraten.

fish finger [fiʃfiŋgəʳ] *[fischfingä]* **Fischstäbchen**; Bild: Ein *Fisch* hat an seinen Flossen *Finger* aus **Fischstäbchen**.

fission [fiʃən] *[fischen]* **Spaltung**; Bild: Die Fische werden nach dem *Fischen* auf einen Hackstock gelegt und mit einem Beil in der Mitte ge**spaltet**.

fissure [fiʃəʳ] *[fischä]* **Spalt**; Bild: Der *Fischer* fischt in einer Fels**spalte**.

fist [fist] *[fist]* **Faust**; Bild: Die *Fis*telstimme macht mich rasend – da schlag ich dann immer mit der **Faust** zu.

fit [fit] *[fit]* **passen**; Bild: Nach vielen *Fit*nessübungen **passen** mir jetzt auch wieder meine Hosen.

five [faiv] *[faiv]* **fünf**; Bild: Die **5** sieht aus wie 'ne (P)*feife*.

fizz [fiz] *[fiss]* **sprudeln, zischen (Getränk)**; Bild: Auf dem Instrument **zischt** das *Fis* (schwarze Taste) wie eine Limonadenflasche beim Öffnen. Bild: *Viss*-Scheuermilch (Marke), die beim Öffnen **zischt** wie eine Limo. Bild: Lisa *Fi*tz (Entertainerin) macht eine Dose Cola auf, die total **zischt**.

flag [flæg] *[fläg]* **Fahne**; Bild: Die **Fahne** (Deutschlandflagge) hat einen *Fleck*.

flash [flæʃ] *[fläsch]* **Blitz**; Bild: Ein **Blitz** schlägt in eine *Flasch*e ein – die zerbricht.

flea [fli] *[flih]* **Floh**; Bild: Der **Floh** *flieh*t. *Flieh*, solange du noch kannst.

fleet [flit] *[fliht]* **Flotte**; Bild: Die Schiffs**flotte** *flieht* nach den heftigen Angriffen.

flicker [flikə^{r}] *[flikä]* **flackern, flattern**; Bild: Ein *Flicker* flickt mit einer Nadel die **flackern**de Flamme zusammen.

flies [flaiz] *[flais]* **Fliegen (Insekten)**; Bild: Die **Fliegen** sind *fleiß*ig wie die Bienen. Denn: Ohne Fleiß kein Preis.

flippers [flipə^{r}s] *[flipäs]* **Taucherflossen**; Bild: *Flipper* (Filmdelfin) hat **Taucherflossen**.

flock [flɒk] *[flok]* **Herde**; Bild: Eine Schaf**herde** ist an einen riesengroßen P*flock* gebunden, auf dem eine große *Flocke* schneit.

floor [flɔː^{r}] *[flohr]* **Fußboden**; Bild: Im *Flur* wird der **Fußboden** gerade gewischt.

flour [flaʊə^{r}] *[flauä]* **Mehl**; Bild: Eine *Flor*fliege (hellgrüne Fliege mit transparenten Flügeln) liegt im **Mehl**.

flow [fləʊ] *[flou]* **Fluss**; Bild: Ein *Floh* lässt sich den **Fluss** heruntertreiben.

flower [flaʊə^{r}] *[flauä]* **Blume**; Bild: Beim Essen von Wiesenkräutern wird es mir immer ganz flau im Magen. Bei dieser **Blume** wird es mir noch *flauer*.

flush [flʌʃ] *[flasch]* **Spülung, Klospülung, Wallung, Rausch**; Bild: Den Inhalt einer *Flasch*e in das Klo leeren und dann auf die **Spülung** drücken. Bild: Wenn das Blut ins Gehirn gespült wird, dann hat man eine **Wallung** oder einen **Rausch**. Meist dann, wenn man zu tief in die *Flasch*e geguckt hat.

fluster [flʌstə^{r}] *[flastä]* **nervös sein, aufregen**; Bild: Immer wenn man ein P*flaster* auf eine Wunde klebt, ist man **nervös**. Die Hände zittern.

flute [flut] *[fluht]* **Flöte**; Bild: Die Ortschaft ist über*flut*et. Auf einem Boot steht jemand, der **Flöte** spielt. Bild: Nachdem er auf der Zauber**flöte** gespielt hat, kam die *Flut*.

fog [fɑg] *[fog]* **Nebel**; Bild: Die »Gorch Fock« geistert durch den **Nebel**.

foil [fɔil] *[foil]* **Metallfolie, Folie**; Bild: Eine Alu**folie** ist von *Fäul*nis befallen.

folder [fəʊldə^{r}] *[fouldä]* **Mappe**; Bild: Jemand wird mit einer **Mappe** ge*fol*tert.

folk [foʊk] *[fouk]* **Leute**; Bild: Die **Leute** demonstrieren und rufen im Chor: »Wir sind das *Volk*!«

ford [fɔːd] *[fohd]* **durchqueren**; Bild: Mit einem *Ford* das Wattenmeer **durchqueren**.

foreign [fɒrin] *[forrin]* **fremd, nicht dazugehörend**; Bild: Es kommt mir *vor*, dass er etwas *eig*(e)*n* ist. Er ist **fremd** und gehört irgendwie nicht dazu. Bild: Das Ding von *vorhin* ist mir **fremd**.

forest [fɒrist] *[forist]* **Wald**; Bild: Als Hänsel und Gretel von ihren Eltern im **Wald** ausgesetzt wurden, empfanden sie *vorerst* Angst.

fork [fɒk] *[fohk]* **Gabel**; Bild: Eine **Gabel** mit 4 (four) Zinken. Im Deutschen gibt es auch die *Forke*.

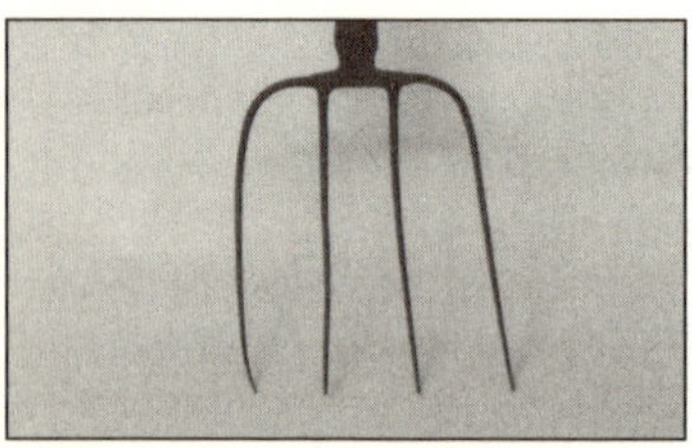

former [fɔmə^{r}] *[fohmä]* **früher, ehemalig**; Bild: Früher sagte man zu **früher** *vorma*ls.

forward [fɔwəd] *[fohwed]* **voraus**; Bild: Dem eigentlichen Text geht das *Vorwort* **voraus**.

foster [fɒstə^{r}] *[fostä]* **aufziehen**; Bild: Jodie *Foster* (Schauspielerin) **zieht** ihre Kinder **auf**.

fowl [faul] *[faul]* **Geflügel**; Bild: Das **Geflügel** (Hühner, Enten, Gänse) liegt *faul* auf dem Bauernhof herum.

frank [fræŋk] *[fränk]* **offen, aufrichtig**; Bild: Die Redewendung im Deutschen »*Frank* und frei« hat die gleiche Bedeutung wie »**offen** und ehrlich«.

freckle [frekl] *[frekl]* **Sommersprossen**; Bild: Ein »*Frecker*« (Fränkisch für »Lausejunge«) hat viele **Sommersprossen** im Gesicht.

freedom [fridəm] *[frihdem]* **Freiheit**; Bild: Nur wenn *Frieden* herrscht, ist **Freiheit** möglich.

freeze [friz] *[frihs]* **frieren, einfrieren**; Bild: Der *Fries*e Otto Waalkes (Entertainer) bibbert, weil es ihn **friert**.

fret [fret] *[fret]* **sich Sorgen machen**; Bild: *Fred* Feuerstein (Zeichentrickheld) **macht sich Sorgen**.

friar [fraiə] *[fraiä]* **Mönch, Bettelmönch**; Bild: Der **Bettelmönch** als *Freier*.

fridge [fridʒ] *[fritsch]* **Kühlschrank**; Bild: Im **Kühlschrank** hält sich alles *frisch* (Obst, Käse, Wurst).

fried [fraid] *[fraid]* **gebraten**; Bild: Er hat eine große *Freud'* an **gebraten**en Kartoffeln.

frog [frɒg] *[frog]* **Frosch**; Bild: Dialog aus »Rotkäppchen und der böse **Frosch**«: Rotkäppchen: »Warum hast du denn so ein großes Maul?« Der böse Frosch: »*Frog* mi net!« (Bayerisch)

frolic [frɔlik] *[frolik]* **scherzen, spaßen**; Bild: Der Hund ist *froh* und wedelt mit dem Schwanz, wenn man mit ihm **scherzt**. Dann kriegt er auch noch *Frolic*-Hundefutter (Marke).

frost [frɑst] *[frost]* **Frost, glasieren**; Bild: Der *Frost* hat die Natur mit Eis **glasiert**.

frown [fraun] *[fraun]* **Stirnrunzeln**; Bild: 3 *Frau'n* blicken finster drein, weil sie **Stirnrunzeln** haben.

fry [frai] *[frai]* **braten, frittieren**; Bild: **Braten** und **Frittieren** macht *frei*.

fuel [fjuəl] *[fjuhäl]* **Treibstoff**; Bild: »*fuel*« wird deutsch ausgesprochen: »fül«. Das steht oft auf Tankdeckeln drauf (z. B. auf meinem Rasenmäher). Man kann »*Fül*« auch als Aufforderung verstehen, den Tank mal wieder mit **Treibstoff** aufzufüllen. Also: »*Füll* auf!«

furious [fjuəriəs] *[fjuriäs]* **wütend**; Bild: Sie ist **wütend** wie eine *Furie* (griechische Rachegöttin).

furniture [fɜniʃə^{r}] *[föhrnitschä]* **Möbel**; Bild: Ist eine *furnierte Türe* auch ein **Möbel**stück?

fury [fjʊəri] *[fjuri]* **Wut**; Bild: *Fury* (TV-Pferd) schäumt vor **Wut**.

furze [fəz] *[föhs]* **Stechginster**; Bild: *Furze* riechen stechend wie **Stechginster**.

fuss [fʌs] *[fass]* **aufgeregtes Getue, Aufregung**; Bild: Wegen dem *Fass* gibt es ein **aufgeregtes Getue**.

G

gable [geibl] *[gäibl]* **Giebel**; Bild: Clark *Gable* (Schauspieler: »Vom Winde verweht«) steht auf dem **Giebel** eines Daches und springt.

garland [gɑːlənd] *[gahländ]* **Kranz**; Bild: Judy *Garland* (Schauspielerin) hat einen **Kranz** auf dem Kopf und singt »Over the rainbow«.

garret [gærit] *[gärit]* **Dachstube**; Bild: David *Garrett* (Musiker) spielt Geige auf dem **Dachboden** (schräge Wände).

gate [geit] *[gäit]* **Tor**; Bild: Bill *Gates* macht das riesige **Tor** auf und *geht* durch.

gaudy [gɔ:di] *[gohdi]* **grell, bunt, knallig**; Bild: Sie hatte mit dem **grellbunten** T-Shirt eine Riesen-*Gaudi*.

gear [giə^r] *[giäh]* **Gang**; Bild: Richard *Gere* (Schauspieler) legt im Auto den **Gang** ein. Bild: *Gier*ig den nächsthöheren **Gang** einlegen.

geese [giːs] *[gihs]* **Gänse**; Bild: Zwei **Gänse** *gieß*en Blumen.

geezer [giːs] *[gihs]* **komischer Kauz, alter Knacker**; Bild: Der **komische Kauz** läuft immer mit einem Blumen*gießer* herum.

gemutlichkeit [gemütlichkeit] **Gemütlichkeit**; kommt aus dem Deutschen.

general [dʒenrəl] *[dscheneräl]* **allgemein**; Bild: Der *General* (Uniform mit viel Lametta) war früher **Allgemein**mediziner.

giant [dʒaiənt] *[dschaiänt]* **Riese**; Bild: Ein **Riese** ist ein *gi*(g)*ant*. Ein *gigant*isch großer **Riese**.

gift [gift] *[gift]* **Geschenk**; Bild: Verpacktes **Geschenk** mit Schleife, auf dem der Hinweis vermerkt ist, dass es *gift*ig ist: ein Totenkopf. MH: Kommt auch in dem deutschen Wort »Mit*gift*« = mitgeben vor.

gild [gilt] *[gilt]* **vergolden**; Bild: Das **Vergolden** *gilt* als Kunsthandwerk.

ginger [dʒindʒə^r] *[dschindschä]* **Ingwer**; Bild: *Ginger* Rogers (Schauspielerin und Tanzpartnerin von Fred Astair) mochte gerne **Ingwer**.

girl [gɜl] *[göhl]* **Mädchen**; Bild: Ein **Mädchen** hängt *Girl*anden auf.

glacier [glæsiə^r] *[gläisiä]* **Gletscher**; Bild: Ein *glasi*ger **Gletscher**.

glad [glæd] *[gläd]* **froh, erfreut**; Bild: Ich bin **froh**, wenn ich dich immer wieder mal aufs *Glatt*eis führen kann.

glaze [gleiz] *[gläis]* **glasieren**; Bild: Meine *Glatze* wird **glasiert** (Schokoglasur).

glen [glen] *[glen]* **Schlucht**; Bild: *Glen*n Miller oder *Glen*n Gould (beides Musiker) spielen in einer **Schlucht**.

glue [glu] *[gluh]* **Klebstoff, kleben**; Bild: Den **Klebstoff** (z.B. Uhu, Pattex usw.) in die *Glu*t vom Grill werfen.

go [gəʊ] *[gou]* **gehen**; Bild: Ein Le*go*stein hat Beine und kann **gehen**.

goal [gəʊl] *[goul]* **Tor**; Bild: Ein *Gaul* steht in einem Fußball**tor**.

goat [gəʊt] *[gout]* **Ziege**; Bild: Ein wild dreinblickender und mit Waffen behängter *Gote,* der auf einer **Ziege** reitet.

gobble [gɒbl] *[gobbl]* **verschlingen (gierig)**; Bild: Mit einer *Gabel* **gierig** die Spaghetti **verschlingen.**

goggle [gɒgl] *[gogl]* **glotzen**; Bild: Nicht »Google«, sondern *»goggle«*. Bei Google hat man aber auch genug zum **Glotzen**. Jemand bekommt Stielaugen vor dem Computer. Bild: Ein *Gockel,* der mit Stielaugen die Hühner **anglotzt**.

going [goʊiŋ] *[gouing]* **gehend, im Gang befindlich**; Bild: Jemand geht und schlägt **während des Gehens** auf einen Gong, der *»going going going«* tönt.

goof [guf] *[guhf]* **Patzer, Mist bauen**; Bild: *Goofy* **baut Mist**.

goose [gus] *[guhs]* **Gans**; Bild: Eine Grau**gans** bekommt einen Regen*guss* ab.

govern [gʌvn] *[gawn]* **regieren**; Bild: Die **Regieren**den *gaffen*.

grace [greis] *[gräis]* **Gnade, Anmut**; Bild: *Grace* Kelly (Schauspielerin) ist voller **Anmut**.

grandson [grænsʌn] *[gränsan]* **Enkel**; Bild: Der Opa zeigt seinem **Enkel,** wo die *Grenzen* sind.

grate [greit] *[gräit]* **Rost**; Bild: Im **Rost** vom Grill steckt eine Fisch*gräte*.

grave [greiv] *[gräiv]* **Grab**; Bild: *Graf* Dracula liegt in seinem **Grab**.

grease [gri:s] *[grihs]* **Schmierfett, einfetten**; Bild: Mit *Gries*brei die Fahrradkette **einfetten**.

Greece [gris] *[grihs]* **Griechenland**; Bild: Galaktobóuriko ist eine *Grieß*speise aus **Griechenland**.

green [grin] *[grihn]* **grün**; Bild: Ein Polizist mit **grün**er Uniform hat ein breites *Grin*sen.

grocer [grəʊsə^{r}] *[grousä]* **Kolonialwarenhändler, Lebensmittelhändler**; Bild: Der **Lebensmittelhändler** ist ein 2,10 Meter *großer* Mann.

grouch [graʊtʃ] *[groutsch]* **(herum-) nörgeln**; Bild: *Groucho* Marx (der Lustigste von den Marx Brothers) **nörgelt herum**.

grouse [graʊs] *[graus]* **Meckerei, meckern**; Bild: Oh *Graus*, die **Meckerei** geht mir total auf die Nerven.

grow [grəʊ] *[grou]* **wachsen**; Bild: Meine grünen Pflanzen werden immer *grau*, wenn sie **wachsen**.

growl [graʊl] *[graul]* **brummen, knurren**; Bild: Beim *Kraul*en **knurrt** mir der Magen.

gruesome [gruːsəm] *[gruhsam]* **grauenhaft**; Bild: Uli Wickert (Tagesthemensprecher) hat sich immer mit den Worten verabschiedet: »Ich wünsche Ihnen eine *geruhsam*e Nacht.« Er meinte natürlich: eine **grauenhaft**e Nacht.

gruff [grʌf] *[graff]* **barsch**; Bild: Der *Graf* (Dracula) ist sehr **barsch** zum **Barsch** und saugt dem Fisch das Blut aus.

grunt [grʌnt] *[grant]* **Grunzen, grunzen**; Bild: Nachdem er seinen *Grant* (bayr. für: Wut) bekam, fing er auch noch an zu **grunzen**.

guard [gɑːd] *[gaad]* **Wachmann, Sicherheitsbeamter**; Bild: Der **Wachmann** *gart* Essen in einem großen Kochtopf.

guest [gest] *[gest]* **Gast**; Bild: Noch *gest*ern kam der **Gast** gern ins Restaurant.

guile [gail] *[gail]* **Arglist**; Bild: Bei dieser **Arglist** schien er *geil* zu sein.

gulp [gʌlp] *[galp]* **Schluck, schlucken**; Bild: Das *Kalb* oder Eisi *Gulp* (Kabarettist) macht einen kräftigen **Schluck**.

gust [gʌst] *[gast]* **Windstoß, Böe**; Bild: Der *Gast* betritt das Restaurant. Durch die Eingangstür kommt ein heftiger **Windstoß**.

gutter [gʌt^{ə}r] *[gattä]* **Rinnstein, Dachrinne**; Bild: Am Pferde*gatter* ist eine **Dachrinne** angebracht.

gymnasium [dʒimneiziəm] *[dschümnäisiem]* **Turnhalle**; Bild: Ich gehe in den Haupteingang eines *Gymnasiums* und sehe, dass sich direkt hinter dem Eingang eine **Turnhalle** befindet. Alle turnen.

H

ham [hæm] *[häm]* **Schinken**; Bild: »*Ham, ham*!«, der **Schinken** schmeckt gut.

hamlet [hæmlət] *[hämlet]* **Weiler**; Bild: »*Hamlet*« von Shakespeare wird in einem **Weiler** (kleinem Dorf) aufgeführt.

handicapped [hændikæpt] *[händikäpt]* **behindert**; Bild: Als wir alle noch kein *Handy k'äbt* haben (Schwäbisch für »Handy gehabt haben«), waren wir noch nicht **behindert**.

handkerchief [hæŋkətʃif] *[hänketschif]* **Taschentuch**; Bild: Der *Hand-kehr-Chef* (der steht neben einer Person, die gerade mit dem Handkehrwerkzeug den Boden säubert) schnäuzt sich die Nase mit einem **Taschentuch**. Bild: Ein *Henker schifft* auf ein **Taschentuch**.

handle [hædl] *[händl]* **Griff, Henkel**; Bild: An einem Grill*händl* sind **Henkel** angebracht, damit man keine fettverschmierten Finger beim Essen bekommt.

handsome [hændsəm] *[händsem]* **ansehnlich, gut aussehend**; Bild: Mein Traummann ist **ansehnlich** und *handzahm*.

handy [hændi] *[händi]* **handlich**; Bild: Mein *Handy* ist richtig schön **handlich**.

hanger [hæŋ^{ə}r] *[hänger]* **Kleiderbügel**; Bild: An einer Autoan*hänger*kupplung hängt ein **Kleiderbügel**.

hanker [hæŋkə] *[hänkä]* **sehnen (sich)**; Bild: Die zum Tode Verurteilten **sehnen sich** oft, nachdem sie jahrelang auf ihre Hinrichtung warten mussten, nach dem *Henker*.

happen [hæpən] *[häppen]* **ereignen (sich), geschehen**; Bild: Auf dem **Ereignis**feld von Monopoly liegt ein *Happen* (mit Käse und Tomate); Bild: Was ist mit den *Häpp*chen **geschehen**?

hardy [hɑdi] *[hahdi]* **abgehärtet, widerstandsfähig**; Bild: Oliver *Hardy* (der Dicke von »Dick und Doof«) ist ganz schön **abgehärtet** und badet im Eiswasser. (Wer Oliver Hardy nicht kennt, kann vielleicht den Schauspieler *Hardy* Krüger nehmen.)

hare [heə^{r}] *[heä]* **Feldhase**; Bild: Zwei **Feldhase**n boxen. Einer sagt: »Komm *her*, wenn du dich traust!«

harm [hɑm] *[hahm]* **Schaden, Unglück**; Bild: Nachdem wir *harm*los mit dem Ball herumkickten, flog er dann doch durch eine Fensterscheibe und richtete **Schaden** an.

harp [hɑp] *[hahp]* **Harfe**; Bild: *Harpo* (Sänger, Moviestar) tritt nicht nur barfüßig auf, sondern hat neuerdings immer eine **Harfe** dabei.

hart [hɑt] *[haht]* **Hirsch**; Bild: Der **Hirsch** ist am ganzen Körper be*haart*.

harvest [hɑvist] *[hahwist]* **Ernte, Ertrag**; Bild: Die Friseure feiern jedes Jahr das »*Haarfest*«, bei dem als **Ernte** riesige Berge von Haaren vor dem Altar einer Kirche präsentiert werden. Bild: Die **Ernte** (Früchte usw.) wird mit *Haarfest*iger besprüht, damit sie schön glänzt.

haste [heist] *[häist]* **Eile, Hast**; Bild: *Haste* Zeit, dann biste nicht in **Eile** (bist nicht *hastig)*.

hat [hæt] *[hät]* **Hut**; Bild: *Hätt'* ich einen **Hut**, dann wär' ich nicht so nackt.

haven [heivᵊn] *[häiven]* **Zufluchtsort**; Bild: Der *Hafen* ist ein **Zufluchtsort**. Oft gibt es da auch *Hefe(n)*kuchen.

hawk [hɔk] *[hohk]* **Habicht**; Bild: Der **Habicht** hat eine *Hak*ennase. Bild: Ein Tomer*hawk* ist kein dummer **Habicht**.

heap [hip] *[hihp]* **Haufen**; Bild: Mit einer *Hieb*waffe auf den Mist**haufen** hauen.

hedgehog [hedʒhɒg] *[hetschhog]* **Igel**; Bild: Wörtlich übersetzt: »Heckenschwein«. Ein **Igel** in einer Hecke grunzt wie ein Schwein und wird ver*hätsch*elt.

hefty [hefti] *[hefti]* **kräftig, mächtig**; Bild: Ein **kräftig**er Schlag auf das *Heft*.

heinous [heinəs] *[hainäs]* **abscheulich**; Bild: *Heinos* Lieder sind **abscheulich**.

hell [hel] *[hell]* **Hölle**; Bild: Wegen des Fegefeuers ist es in der **Hölle** besonders *hell*.

helm [helm] *[helm]* **Steuerruder**; Bild: Auf dem **Steuerruder** ist ein Ritter*helm*.

helmet [helmət] *[helmät]* **Helm**; Bild: Ein *Helmut* deiner Wahl trägt einen Motorrad**helm** unterm Arm (damit du den Helmut auch noch erkennst).

her [hɜːʳ] *[höhr]* **ihr**; Bild: **Ihr** *Hör*gerät ist kaputt.

hermit [hɜːmit] *[höhmit]* **Eremit, Einsiedler**; Bild: »*Her mit* dem **Einsiedler**!«, spricht die Nymphomanin.

heroine [herəʊin] *[herouin]* **Heldin**; Bild: Eine »**Heldin**« spritzt sich *Heroin*.

heron [her^{ə}n] *[hehren]* **Reiher**; Bild: Die *hehren* Ziele des **Reihers** sind absolut unbekannt.

herring [heriŋ] *[hering]* **Hering**; Bild: Ein Herr trägt einen Ring (*Herrenring*), der mit einem **Hering** versehen ist.

hidden [hid^{ə}n] *[hidden]* **versteckt**; Bild: Auf der Ostseeinsel *Hidden*see hat sich der Dieb **versteckt**.

hide [haid] *[haid]* **Fell, Haut, Tierhaut**; Bild: Auf der *Heid*e wird **Tierhaut** gegerbt.

high [hai] *[hai]* **hoch**; Bild: Ein *Hai* springt **hoch** aus dem Wasser.

higher [haiə^{r}] *[haiä]* **höher**; Bild: *Heuer* hat man noch **höher** gebaut.

hiker [haikə^{r}] *[haikä]* **Wanderer**; Bild: Irgendeine *Heik*e als **Wanderer**.

hill [hil] *[hill]* **Berg, Hügel**; Bild: Der Church-*hill* = der Kirch-**berg** (Churc*hill* auf einem **Berg**). Sonja Kirch**berger** ist nicht die Tochter.

him [him] *[him]* **ihm**; Bild: **Ihm** schmecken die *Him*beeren.

hint [hint] *[hint]* **Spur**; Bild: Wer sich *hint*an stellt, kann in den Fuß**spur**en seines Vorgängers gehen.

hip [hip] *[hip]* **Hüfte**; Bild: »*HiP*P«-Babygläschen (Marke) gehen ganz schön auf die **Hüften**. So entsteht der sogenannte Babyspeck.

hire [hai^{ə}r] *[haiä]* **mieten**; Bild: Die **Mieten** sind *heuer* besonders hoch.

hit [hit] *[hit]* **schlagen**; Bild: In der *Hit*parade kommen alle Schlagersänger zum Schluss noch mal auf die Bühne und **schlagen** alles zusammen.

hobble [habl] *[hobl]* **hinken, humpeln**; Bild: Als dem Schreiner der *Hobel* auf den Fuß fiel, begann er zu **humpeln**.

hobby [hɒbi] *[hobbi]* **Hobby, Steckenpferd**; Bild: Was man früher am liebsten gemacht hat: auf einem **Steckenpferd** ge*hopp*elt. MH: Als die OBI-Baumarktkette in Frankreich eröffnet wurde, haben die Franzosen das »H« von Hobby nicht mitgesprochen.

hock [hakl] *[hok]* **Sprunggelenk**; Bild: Immer wenn ich in die *Hocke* gehe, schmerzt mein **Sprunggelenk**.

hoe [həʊ] *[hou]* **Gartenhacke**; Bild: Der Weihnachtsmann mit einer **Gartenhacke** ruft: »*Hou, hou, hou*!«

hold [həʊld] *[hould]* **anhalten, halten**; Bild: Die *hold*e Maid und der Held (hold, held, held) **halten** plötz-

lich **an**. Bild: Ich **halte** meine *Hold*e (Olde) in den Armen.

hole [həʊl] *[houl]* **Loch**; Bild: Das **Loch** ist *hohl.*

holler [hɒl^{ə}r] *[hollä]* **brüllen**; Bild: Wenn man die Dolden des *Holler*-buschs (Hollunderstrauch) abreißt, fäng er zu **brüllen** an.

honest [ɒnist] *[anist]* **ehrlich**; Bild: Mein *Haarnest* ist **ehrlich** gesagt nicht echt, nur draufgesteckt.

hood [hʊd] *[hudd]* **Kapuze**; Bild: Robin *Hood* (Filmfigur) hat eine **Kapuze** auf (als Ersatz für einen *Hut*), die er sich wahrscheinlich vom Mönch »Bruder Tuck« geliehen hat.

hoof [huf] *[huhf]* **Huf**; hört sich im Deutschen genauso an.

hook [hʊk] *[huhk]* **Haken**; Bild: Kapitän *Hook* (Filmfigur) hat einen **Haken** anstelle einer Hand.

hooker [hʊkər] *[hukä]* **Nutte**; Bild: John Lee *Hooker* (amerikanischer Blues-Sänger, bekannt aus »Blues Brothers«) singt für eine **Nutte**.

hoop [hup] *[huhp]* **Reifen**; Bild: Die *Hup*e ist am **Reifen** angebracht.

hoot [hut] *[huht]* **Hupe, hupen**; Bild: Mit dem *Hut* kann man wie mit einer **Hupe hupen**.

hop [hɒp] *[hop]* **hüpfen, hoppeln**; Bild: *Hopp, hopp, hopp,* Pferdchen **hüpft** im Galopp.

hope [həʊ] *[houp]* **Hoffnung**; Bild: Die **Hoffnung** *hob* sie sich bis zum Schluss auf.

hose [həʊz] *[hous]* **Schlauch**; Bild: Ein *Hos*enbein, das wie ein **Schlauch** eng am Körper sitzt. Bild: An einem Hydrant ist eine *Hose* angebracht, aus deren Bein Wasser spritzt – ähnlich wie bei einem Feuerwehr**schlauch**. Tipp: Eingedeutscht: die Wind*hose* = der Wind**schlauch**.

hostess [həʊstis] *[houstes]* **Gastgeberin**; Bild: »Mein Geschenk – *hast es* dabei?«, fragte die **Gastgeberin** ungeduldig. Sie *hasst es,* wenn man ihr nichts mitbringt.

house [haʊs] *[haus]* **Haus**; hört sich im Deutschen genauso an.

hug [hʌg] *[hag]* **Umarmung, umarmen, herzen**; Bild: Nachdem alle Kaffee *HAG* (Marke) getrunken hatten, **umarmten** sie sich.

hulk [hʌlk] *[halk]* **Koloss**; Bild: Statt dem **Koloss** von Rhodos steht der grüne *Hulk* (Filmfigur) an der Hafeneinfahrt.

hum [hʌm] [*hamm]* **summen**; Bild: Die *Hum*meln **summen** herum.

humble [hʌmbl] *[hambl]* **demütig, bescheiden**; Bild: Ich bekomme einen *Hampel*mann geschenkt und bin ganz **demütig**.

hummock [hʌmək] *[hamok]* **kleiner Hügel**; Bild: Auf einem **kleinen Hügel** läuft jemand *Amok*.

hump [hʌmp] *[hamp]* **Buckel, kleiner Hügel**; Bild: Ein *Hamp*elmann mit **Buckel** steht auf einem **kleinen Hügel**.

hun [hʌn] *[han]* **Hunne, Hunnin**; Bild: *Han* Solo (Filmfigur: Harrison Ford in »Star Wars«) ist der einzige **Hunne**.

hunt [hʌnt] *[hant]* **jagen**; Bild: Eine *Hand* wird im Wald von einem Jäger ge**jagt**. (Er schießt auf die Hand, aber sie entkommt dem Kugelhagel immer wieder und flüchtet.)

hunter [hʌntə^{r}] *[hantä]* **Jäger**; Bild: Neben dem **Jäger** läuft ein *Hund her* oder eine *Hand her*.

hurry [hʌri] *[harri]* **Eile**; Bild: Der rasende Reporter *Harry* Hirsch (Otto) ist immer in **Eile**.

hurt [hɜt] *[höht]* **wehtun, verletzen**; Bild: *Hört, hört*! Er hat sich **wehgetan** (die Memme).

husband [hʌzbənd] *[hassbänd]* **Ehemann**; Bild: Der **Ehemann** hat ein (Hunde-) *Ha*(l)*sband* um und lässt sich von seiner Frau Gassi führen. Bild: Jeder **Ehemann** spielt heimlich in einer Frauen-*Hass-Band*.

hush [hʌʃ] *[hasch]* **Stille, Schweigen**; Bild: Erst nachdem wieder **Stille** eingetreten war, rauchten sie ihre *Hasch*pfeifen weiter.

husky [hʌski] *[haski]* **kräftig gebaut**; Bild: Der *Husky* (Hunderasse) ist **kräftig gebaut** (riesige Muckis).

hussy [hʌsi] *[hassi]* **Flittchen**; MH: Wenn man zu seiner Liebsten »*Hasi*« sagt, sollte man auch wissen, was das bedeutet. Monaco Franze (Filmfigur) nannte seine Liebste gar »Isi-*Hasi*« also: leichtes **Flittchen**.

hutch [hʌtʃ] *[hatsch]* **Stall**; Bild: Alle Tiere im **Stall** müssen niesen: »*Hatschi*!«

hymn [him] *[him]* **Hymne, Kirchenlied**; Bild: Deutschland**hymne**: »Einigkeit und Recht auf *Him*beeren ...«

I

I [ai] *[ai]* **ich**; Bild: **Ich** habe ein *Ei* gelegt.

ice floe [aisfləʊ] *[aisflou]* **Eisscholle**; Bild: Der *Eis-Floh* sitzt auf einer **Eisscholle** und hüpft ins kalte Wasser.

icicle [aisikl] *[aisikl]* **Eiszapfen**; Bild: Ein Igel aus Eis (*Eis-Igel*) wird von einem herabfallenden **Eiszapfen** durchbohrt.

idea [aidiə] *[aidiä]* **Idee, Vorstellung**; Bild: Ein *Ei-Tier* (sieht aus wie ein Ei und hat vier Beine und einen Eierkopf) hat eine **Idee** (Gedankenblase).

Idol [aidl] *[aidl]* **Idol, Götze**; Bild: Viele **Idol**e sind *eitel*. Bild: Billy *Idol* (Musiker) ist **eitel**.

I'm a ... [aimə] *[aimä]* **Ich bin ein** ...; Bild: **Ich bin ein** *Eimer*? Ein bisschen schizophren. Statt eines Kopfes laufe ich mit einem *Eimer* herum.

immersion [imɜːʃ^{ə}n] *[imöhschen]* **das Eintauchen, das Untertauchen**; Bild: Das **Untertauchen** im Schwimmbad ist *immer schön.*

impart [impɑːt] *[impaht]* **vermitteln, übermitteln**; Bild: *Im Bad* **übermitteln** zwei Agenten Informationen. Mikrochips mit Informationen befinden sich *im Bart.*

impertinent [impətinənt] *[impöhdinent]* **unverschämt**; Bild: Wenn man *ihn Berti nennt,* wird Rudi Völler **unverschämt** (so wie im Interview mit Waldemar Hartmann nach dem Spiel gegen Island).

increase [iŋkris] *[inkrihs]* **ansteigen, zunehmen, Anhebung, Ausweitung**; Bild: **Ansteigen**de Arbeitslosenzahl *in Kris*enzeiten. Bild: Die **Anhebung** und **Ausweitung** der Blasen *im Grieß* kann man beim Kochen schön beobachten. Bild: Ich **nehme zu**, wenn ich eine Schachtel *Grieß in* mich reinschütte.

incur [inkɜː^{r}] *[inköhä]* **hinnehmen müssen, auf sich nehmen**; Bild: *In Kur* **hinnehmen müssen**, was mit einem getan wird.

ink [iŋk] *[ink]* **Tinte, Tusche**; Bild: Die *Ink*as haben die **Tinte** erfunden. Bild: Die T*ink*tur war in einem **Tintenfass**.

inn [in] *[in]* **Gasthaus**; Bild: Das »**Gasthaus** am *Inn*« liegt am Inn (Nebenfluss der Donau).

inner [inə^{r}] *[innä]* **innere, Innen-**; Bild: Die *Inner*eien befinden sich im **Innen**körper.

insane [insein] *[insäin]* **geistesgestört, verrückt**; Bild: Sie gilt als **geistesgestört**, weil sie sich *in* die *Seine* (Fluss in Frankreich) stürzte. Bild: Ein **verrückter** Mensch badet *in Sahne.*

insect [insekt] *[insekt]* **Insekt**; Bild: I(m)**n Sekt** sind viele *Insekt*en. Vielleicht eine Insektenfalle.

insider [insaidᵊr] *[insaidä]* **Eingeweihter, Mitglied, Zugehöriger**; Bild: Alle **Mitglieder** sind *in Seide* gekleidet.

inspect [inspekt] *[inspekt]* **kontrollieren, untersuchen**; Bild: Die von der Lebensmittelkontrolle **untersuchen**, was *in Speck d*rin ist.

insole [insəʊl] *[insoul]* **Einlegesohle**; Bild*: In Seoul* (Austragungsort der olympischen Sommerspiele 1988) mussten alle Sportler **Einlegesohlen** tragen.

instal(l) [instɔːl] *[instohl]* **installieren, einbauen**; Bild: Wir **installieren** alles *in Stahl*. Bild: *Im Stall* wird eine neue Beschallungsanlage **installiert**.

insults [inʌlts] *[insalz]* **Beleidigungen**; Bild: *In Sal*zburg muss man mit vielen **Beleidigungen** rechnen. Bild: Es ist eine **Beleidigung** für den Gaumen, *in Salz* kandierte Früchte zu servieren.

insurance [inʃʊərᵊn(t)s] *[inschuhränz]* **Versicherung**; Bild: *In d'Schulranz'* (im Schulranzen) ist eine Schulweg**versicherung**.

intercom [intəkɒm] *[intäkom]* **Gegensprechanlage**; Bild: Ein Inder spricht in die **Gegensprechanlage**. Man bittet ihn zu kommen: »*Inder, komm*!«

interdict [intədikʃən] *[intädiktschön]* **Verbot**; Bild: Der *Inder dikt*iert ein **Verbot**: »Es ist **verbot**en, *Inder* als *dick* zu bezeichnen.«

interject [intədʒekt] *[intätschekt]* **einwerfen, dazwischenreden**; Bild: Der *Inder checkt* alles und wird gleich wieder **dazwischenreden**.

interlude [intəluːd] *[intälud]* **Intermezzo, Zwischenspiel**; Bild: Der *Inder lud* seine Akkus auf. Das war lediglich ein kurzes **Intermezzo**.

intermission [intəmiʃn] *[intämischn]* **Pause, Unterbrechung**; Bild: Die *Inder mischen* in der **Pause** die Karten.

intermittent [intəmitᵊnt] *[intämitent]* **lückenhaft, periodisch**; Bild: »Ente« schreibt man vorne und hinten mit »e« und *in der Mitte* »*n t*«. Sonst wär es ja **lückenhaft**.

intersect [intəsekt] *[intäsekt]* **durchschneiden**; Bild: Der Bürgermeister wird das Band **durchschneiden**, und dann gibt es für alle *Inder Sekt*.

intervene [intəviːn] *[intäwihn]* **einschreiten**; Bild: Die Kinder stehen schon bis zum Bauchnabel *in der Wien* (Fluss durch Wien). Es wird Zeit, dass wir **einschreiten** und die Kinder dort rausholen.

intervention [intəventʃ^{ə}n] *[intäwenntschen]* **das Eingreifen**; Bild: Das **Eingreifen** besteht darin, dass wir *Inder – wenn schon* – einsetzen.

invader [inveidə^{r}] *[inwäidä]* **Angreifer, Eindringling**; Bild: *In Vaders* (Filmfigur: Darth Vader) Kopf steht fest: »Ich bin der **Angreifer**.«

invention [inventʃ^{ə}n] *[inwenntschen]* **Erfindung**; Bild: Für **Erfindung**en müssen wir *ihn – wenn schon* – einbeziehen.

invest [invest] *[inwest]* **investieren**; Bild: *In* (den) *Westen* **investieren**. – Das können aber auch Bekleidungsstücke (Westen) sein.

invoke [invəʊk] *[inwouk]* **anflehen**; Bild: Ich muss dich **anflehen**, damit du nicht *i*(m)*n Wok* kochst. Bild: Um *in* die *Vogue* (Modezeitschrift) zu kommen, musst du schon den Chefredakteur **anflehen**.

involve [invɒlv] *[inwolf]* **verwickeln, hineinziehen**; Bild: *In* den Fleisch*wolf* **verwickelt** werden und nicht mehr herauskommen.

J

jealous (of) [dʒeləs] *[tschelläs]* **eifersüchtig**; Bild: Der Hausherr eines Harems wachte **eifersüchtig**, dass die Gemächer der Frauen gegenüber der Außenwelt abgeschirmt wurden, und benutzte hierfür *Jalousien* (= frz. **Eifersucht** – stimmt tatsächlich).

joint [dʒɔint] *[dschoint]* **Keule, Gelenk**; Bild: Der *Joint* (Marihuana), den man raucht, sieht aus wie eine **Keule**.

joint venture [dʒɔintvenʃə^{r}] *[dschoint'-wenschä]* **Gemeinschaftsunternehmen**; Bild: Unterhalten sich zwei Kiffer: »Woll'n mä was rauchen? 'N *Joint, wenn schon,* denn schon.« – »Soll ja auch ein **Gemeinschaftsunternehmen** sein, oder?«

jolly [dʒɔli] *[dscholli]* **lustig, vergnügt**; Bild: Mein lieber *Scholli*, sind die aber **lustig**!

K

kaput [kəpʊt] *[käput]* **kaputt**; kommt aus dem Deutschen.

ken [ken] *[ken]* **geistiger Horizont**; Bild: Der **geistige Horizont** von Barbie und *Ken* ist ziemlich begrenzt. Barbie und *Ken* stehen am **Horizont** und spielen mit einem kleinen Gehirn Ball. Barbie wirft und Ken fängt gerade (nicht) auf.

kettle [ketl] *[ketl]* **Wasserkocher**; Bild: Der **Wasserkocher** ist ange*kettet*.

kid [kid] *[kid]* **Kind, Jugendlicher**; Bild: Das **Kind** isst den Fenster*kitt* und glaubt, es sei Kaugummi.

kidney [kidni] *[kidni]* **Niere**; Bild: *Kidney*bohnen haben die Farbe und die Form einer **Niere**.

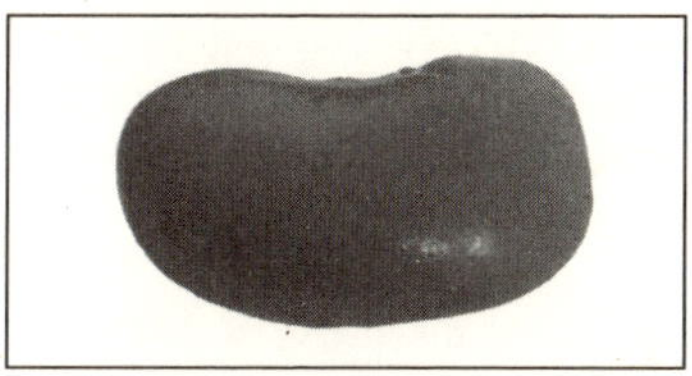

killer [kilə^{r}] *[killä]* **Mörder**; Bild: Der **Mörder** hat »*kille*kille« gemacht – dann hat sich das Opfer totgelacht.

kind [kaind] *[kaind]* **Art**; Bild: So etwas wie eine **Art** artiges *Kind*. Bild: Diese **Art** hat hinten *kein d*.

kindergarten [kindəgatn] *[kindägahdn]* **Kindergarten**; kommt aus dem Deutschen.

kindle [kindl] *[kindl]* **anzünden**; Bild: Das Münchner *Kindl* (Wappenfigur von München) wird **angezündet**.

kinsman [kinzmæn] *[kinsmän]* **Verwandter**; Bild: Ich bin ein **Verwandter** von *Kl*i*nsmann*.

kip [kip] *[kip]* **pennen**; Bild: Beim **Pennen** im Sitzen *kip*pt der Kopf nach vorne.

kipper [kip^{ə}r] *[kippä]* **Bückling**; Bild: Ein *Kipper* voller **Bücklinge** (geräucherter Heringe).

kirk [kɜːk] *[köhk]* **Kirche**; Bild: Captain *Kirk* (Filmfigur: »Raumschiff Enterprise«) geht in die **Kirche**.

kiss [kis] *[kis]* **Kuss**; Bild: Statt ihm einen **Kuss** zu geben, drückte sie ihm ein *Kiss*en ins Gesicht.

kit [kit] *[kit]* **Ausrüstung**; Bild: Zur **Ausrüstung** eines Fenstermonteurs gehört auch Fenster*kitt*.

kitchen [kitʃn] *[kitschn]* **Küche**; Bild: Im *Kit*(t)*chen* wird gekocht (**Küche** mit Gitterstäben).

kitten [kit^{ə}n] *[kiten]* **Kätzchen**; Bild: Das kleine **Kätzchen** ist damit beschäftigt, die Risse in der Wand zu *kitten*.

knee [ni] *[nih]* **Knie**; Bild: Der Arzt sagt: »Sie werden *nie* wieder ihr **Knie** bewegen können!«

knight [nait] *[nait]* **Ritter**; Bild: Voller *Neid* schau ich dem **Ritter** beim Kampf mit dem Schwert zu.

kohl [kəʊl] *[koul]* **Kajal**; Statt einem **Kajal**stift benutzt man lebende *Kaul*quappen, mit deren Blut man seine Augenlider bemalt.

L

lab [læb] *[läb]* **Labor**; Bild: *Leb*erkäse wird im **Labor** hergestellt.

labour [leibə^{r}] *[läibä]* **arbeiten (schwer)**; Bild: Beim Alkoholiker muss die *Leber* **schwer arbeiten**. Bild: Dem, der **schwer arbeitet**, schmeckt der *Leber*käse am besten.

lack [læk] *[läk]* **Mangel, Knappheit**; Bild: Es **mangelt** an *Lack*. Deswegen: *Lack* dünn auftragen. Bild: Wer ständig »*Leck* mich am Arsch« sagt, der hat eindeutig einen **Mangel** an Niveau.

lacquer [lækə] *[läkä]* **lackieren**; Bild: Der Handwerker **lackiert** mit der Zunge (Beruf: *Lecker*).

lance [lænts] *[länts]* **Lanze**; Bild: *Lance* Armstrong (Radfahrprofi) mit **Lanze** auf dem Fahrrad.

language [læŋgwiɪʒ] *[längwitsch]* **Sprache**; Bild: Wer *lang quietscht*, hat schon fast eine eigene **Sprache**.

lake [ləik] *[läik]* **See**; Bild: In einem riesigen **See** aus Salz*lake* schwimmen Tausende Mozzarella-Stücke. Bild: Jemand wäscht seine Bett*lake*n im **See**.

lament [ləment] *[läment]* **jammern, lamentieren**; Bild: Das *lahmend*e Lamm **jammert**.

larch [lɑtʃ] *[lahtsch]* **Lärche**; Bild: Aus einer **Lärche** kann man *Latsch*en schnitzen. Bild: An der **Lärche** wachsen *Latsch*en (Schuhe).

large [lɑdʒ] *[lahdsch]* **groß, weit**; Bild: Mit **großen** *Latsch*en (Schuhen) kann man ganz schön **weit** *latsch*en (gehen).

larva [lɑːvə] *[lahvä]* **Larve**; Bild: Eine Maikäfer**larve** (Engerling) schwimmt in der glühenden *Lava*. Bild: Johann *Lafer* (TV-Koch) kocht Maikäfer**larven**.

lassie [læsi] *[lässi]* **Mädchen**; Bild: Ein **Mädchen** läuft mit *Lassie* (Collie-Filmhund) spazieren. Bild: Das **Mädchen** ist *lässig*.

laurel [lɔrl] *[lohrl]* **Lorbeer**; Bild: Stan *Laurel* (der Doofe von »Dick und Doof«) hat einen **Lorbeer**kranz auf seinem Kopf (so wie einst Julius Cäsar). Bild: Die *Lorel*ey trägt einen **Lorbeer**kranz auf dem Kopf.

laze [leiz] *[läis]* **faulenzen**; Bild: Das Kind **faulenzt**. Die Mutter kommt ins Zimmer und sagt: »*Les'* mal wieder was, du faules Stück!«

lead [lid] *[lihd]* **führen**; Bild: Jemand **führt** ein Kind an der Hand und singt dabei ein *Lied*.

least [list] *[lihst]* **am wenigsten**; Bild: **Am wenigsten** *liest* der Analphabet.

leave [liv] *[lihv]* **verlassen**; Bild: Als er davon*lief*, war mir bewusst: Er hat mich **verlassen**.

lee [li] *[lih]* **Windschatten**; Bild: Bruce *Lee* (Schauspieler/Kampfsportler) fährt im **Windschatten** Fahrrad.

leisure [leʒə^{r}] *[leschä]* **Freizeit**; Bild: In der **Freizeit** kann man durchaus *leger* herumlaufen.

lemon [lemən] *[lemmän]* **Zitrone**; Bild: Jack *Lemmon* (Schauspieler: »Manche mögen's heiß«) beißt in eine **Zitrone**.

lend [lend] *[lend]* **leihen**; Bild: Mann sagt zur Frau: »Darf ich mir mal deine *Lend*en **leihen**?«

lender [lend^{ə}r] *[lendä]* **Verleiher**; Bild: Ein **Verleiher** von *Ländern*.

lens [lenz] *[lenz]* **Linse**; Bild: Die Comedian Harmonists (Männergesangsformation der 30er-Jahre) singen »Veronika, der *Lenz* ist da« und müssen in die **Linse** des Fotografen gucken.

leopard [lepəd] *[lepäd]* **Leopard**; Bild: Mal hier, mal da ein **Leopard** erlegt. Das *läppert* sich zusammen.

lesson [les^{ə}n] *[lessn]* **Unterrichtsstunde, Schulstunde**; Bild: In einer **Schulstunde** *lesen* alle Schüler aus einem Buch vor.

letter [letə^{r}] *[lettä]* **Brief**; Bild: In einem **Brief** habe ich zwei Baum*blätter* verschickt. Bild: *Lätta*-Margarine (Marke) wird in einem **Brief** verschickt.

level [lev^{ə}l] *[lewl]* **horizontal, waagrecht**; Bild: Man sollte den Suppen*löffel* **waagrecht** halten. (Sonst plätschert alles wieder in den Suppenteller und spritzt deine weiße Bluse voll.)

levy [levi] *[lewi]* **Steuer, Abgaben**; Bild: Auf dem Preisschild der *Levi*-Strauss-Jeans (Marke) ist keine Mehrwert**steuer** ausgewiesen.

liberal [lib^{ə}r^ə] *[liberäl]* **tolerant, liberal, aufgeschlossen**; Bild: Nachdem der Seelachs ausgegangen ist, essen wir dann doch *lieber Aal*. Wir sind ja **aufgeschlossen**.

liberty [libəti] *[liberti]* **Freiheit**; Bild: Die oder doch *lieber die* andere? Die **Freiheit** gönn ich mir.

light [lait] *[lait]* **Licht**; Bild: Horst **Licht**er (Koch) ist *leid*er kein Engländer, sonst hieße er *light*er und nicht Lichter.

lighter [lait^{ə}r] *[laitä]* **Feuerzeug**; Bild: Auf der *Leiter* liegt ein **Feuerzeug**. Bild: Dem *Leiter* der Abteilung das **Feuerzeug** klauen.

lime [laim] *[laim]* **Kalk, Limone, Linde**; Bild: **Kalk**-Kasein-*Leim* ist der festeste Holz*leim*, der im Mittelalter bekannt war. Bild: Mit einem *Leim* werden **Limonen** aneinandergeklebt. Bild: An einer **Linde** scheinen **Limonen** zu wachsen. Wahrscheinlich sind sie nur mit *Leim* angeklebt.

link [liŋk] *[link]* **Verbindung**; Bild: Zwei Menschen gehen eine **Verbindung** ein, indem sie sich an ihren *link*en Handgelenken mit einem Seil von einem Priester **verbinden** lassen.

links [liŋks] *[links]* **Golfplatz**; Bild: Jemand zeigt nach *links* auf einen **Golfplatz**.

lion [laiən] *[laien]* **Löwe**; Bild: **Löwen** dürfen sich aus der Bücherei neuerdings auch Bücher *leihen*. Bild: *Lion* (Marke) ist ein Schokoriegel. Für den hat schon Oliver Kahn Werbung gemacht. Zumindest wird man stark wie ein **Löwe**, wenn man ihn isst.

lips [lips] *[lips]* **Lippe, Rand**; Bild: Eine dicke, rote El*lips*e statt den üblichen **Lippen** im Gesicht einer vertrauten Person.

listen [lisn] *[lisn]* **lauschen**; Bild: Ich **lausche** an der Wand und schreibe das Gehörte fein säuberlich in *Listen* ein.

litter [lit ə^r] *[littä]* **verstreuen, Müll**; Bild: In einem 1-*Liter*-Messbecher ist **Müll**, den ich auf der Straße **verstreue**.

little [litl] *[litl]* **klein**; Bild: Der *Lidl* (Marke) ist ganz **klein** geworden (Lidl für die Modelleisenbahn).

livid [livid] *[liwid]* **wütend**; Bild: Jemand hält **wütend** eine Strafpredigt und liest mir mit erhobenem Zeigefinger die *Levit*en aus der Bibel vor (3. Buch Mose »Levitikus«).

load [ləʊd] *[lohd]* **Ladung**; Bild: Eine **Ladung** *Lod*enmäntel.

loch [lok, lox] *[loch]* **See**; Bild: Nessi (Loch-Ness-Monster) befindet sich in einem großen *Loch* im **See** und guckt raus.

London [lʌndin] *[landin]* **London**; Bild: Die ersten, die **London** sahen, riefen: »*Land in* Sicht!«

lock [lɒk] *[lok]* **Türschloss**; Bild: Eine *Lok*o(motive) fährt in ein **Türschloss**.

locker [lɒkə^{r}] *[lockä]* **Schließfach, Spind**; Bild: Die Tür von meinem **Spind** ist total *locker* und klappert.

logger [lɒg^{ə}r] *[loggä]* **Holzfäller**; Bild: Der **Holzfäller** schlägt den Baum so lange, bis er *locker* ist.

look [lʊk] *[luk]* **Blick**; Bild: Der **Blick** durch die *Luk*e.

loony [luːni] *[luhni]* **Irrer, verrückt**; Bild: George C*looney* (Schauspieler) ist ein **Irrer**.

loosen [luːs^{ə}n] *[luhsen]* **aufmachen, lockern**; Bild: Alle B*lusen* kann man **aufmachen**.

lorry [lɒri] *[lorri]* **Lastkraftwagen**; Bild: *Lori*ot steigt mit seinen beiden Möpsen (seinen Hunden) in einen **Lkw**.

lout [laʊt] *[laut]* **Flegel**; Bild: Der **Flegel** ist ganz schön *laut*.

luck [lʌk] *[lak]* **Glück**; Bild: Großes **Glück**: eine Dose *Lack* gewonnen. (Man steht auf dem Siegertreppchen und bekommt eine Dose *Lack* überreicht.)

lucky strike [lʌkistraik] *[lakki'straik]* **Glückstreffer**; Bild: Jemand hat *Lucky-Strike*-Zigaretten (Marke) gewonnen und empfindet das als einen **Glückstreffer**.

lunch [lʌntʃ] *[lantsch]* **Mittagessen**; Bild: Mitten in der *Landsch*aft kann man auch zu **Mittag essen**.

lust [lʌst] *[last]* **Lust**; Bild: Die **Lust** wird mir zur *Last*.

M

main [mein] *[mäin]* **Haupt-**; Bild: Der *Main* ist der **Haupt**fluss Frankens.

maid [meid] *[meid]* **Dienstmädchen, Zimmermädchen**; Bild: Das **Dienstmädchen** *mäht* den Rasen.

mail[1] [meil] *[mäihl]* **Panzer**; Bild: Der **Panzer** wird im Winter mit *Mehl* getarnt.

mail[2] [meil] *[mäihl]* **Post**; Bild: Das *Mehl* kommt mit der **Post**.

mailman [meilmæn] *[mehlmän]* **Postbote, Briefträger**; Bild: Der *Mehlmann* ist nicht der Müller, sondern der **Postbote**, der das Mehl bringt.

maintain [meintein] *[mäintäin]* **aufrechterhalten**; Bild: Was *Mein* und *Dein* ist, muss **aufrechterhalten** bleiben (Gütertrennung).

make [meik] *[mäik]* **machen**; Bild: Sie hat die *Macke*, alles selber zu **machen**.

malinger [məliŋgəʳ] *[malinger]* **krank stellen (sich), simulieren**; Bild: Wenn man nicht beim Sport mitmachen will, **simuliert** man einfach: »*Mein linker* Fuß tut weh!«

mallard [mælɑːʳd] *[mälahd]* **Stockente**; Bild: Die **Stockente** schwimmt in Mar*melad*(e).

malt [mɔːlt] *[mohlt]* **Malz**; Bild: Als er *malt*, fällt ihm das **Malz**bonbon aus dem Mund aufs Papier.

manners [mænəʳz] *[männäs]* **Manieren, Art**; Bild: *Männer* haben keine **Manieren**.

manor [mænəʳ] *[männä]* **Herrenhaus, Landgut, Rittergut**; Bild: Das **Rittergut** ist voller *Männer*.

mansion [mænʃᵊn] *[menschn]* **Villa**; Bild: In der **Villa** werden *Menschen* produziert.

mantel [mæntl] *[mäntl]* **Kaminsims**; Bild: Auf dem **Kaminsims** legen alle ihre *Mäntel* ab, damit sie schön warm bleiben.

map [mæp] *[mäp]* **Landkarte**; Bild: Aus einer *Map*pe (Urkundenmappe aus Leder) guckt eine **Landkarte** hervor.

marble [mɑːbl] *[mahbl]* **Murmel, Marmor**; Bild: Miss *Marple* (Filmfigur) hat beim **Murmel**spielen eine davon verschluckt.

march[1] [mɑtʃ] *[mahtsch]* **marschieren**; Bild: Im *Matsch* **marschieren**.

march[2] [mɑtʃ] *[mahtsch]* **März**; Bild: Im **März** ist meist alles noch voller *Matsch*.

mare [meəʳ] *[meä]* **Stute, Eselin**; Bild: Die **Stute** entsteigt dem *Meer*.

mark [mɑk] *[mahk]* **Fleck, Mal, Brandmal, Narbe**; Bild: Meine **Narbe** *mag* ich nicht.

marry [mæri] *[märri]* **heiraten**; Bild: Komisch: Wenn du **heiratest**, bist du immer mit einer gewissen *Mary* verheiratet.

marsh [mɑʃ] *[mahsch]* **Sumpf**; Bild: Bist du im **Sumpf**, bist du auch *im Arsch*.

marten [mɑtᵊn] *[mahten]* **Marder**; Bild: Der **Marder** frisst *Maden*.

martin [mɑtin] *[mahtin]* **Schwalbe**; Bild: Eine **Schwalbe** kackt *Martin* Luther King auf den Kopf.

martyr [mɑtəʳ] *[mahtä]* **Märtyrer**; Bild: Der **Märtyrer** ist an den *Marter*pfahl gefesselt.

marzipan [mɑzipæn] *[mahsipän]* **Marzipan**; kommt aus dem Deutschen.

master [mastəʳ] *[mastä]* **Meister**; hört sich im Deutschen genauso an.

match [mætʃ] *[mätsch]* **Streichholz**; Bild: Ich lasse ein brennendes **Streichholz** in den *Matsch* fallen.

matter [mætəʳ] *[mättä]* **Stoff, Materie**; Bild: Der Fürst-von-*Metter*nich-Sekt ist ein feiner **Stoff**.

maybe [meibi] *[mäibih]* **vielleicht**; Bild: Im Mai gibt's **vielleicht** schon Bienen (sogenannte *Maibie*nen).

maze [meiz] *[mäis]* **Irrgarten, Labyrinth**; Bild: In einem **Irrgarten** im *Mais*feld hat sich *Matze* verirrt.

meadow [medəʊ] *[mädou]* **Wiese**; Bild: *Mäh' du* mal die **Wiese**!

meat [miːt] *[miht]* **Fleisch**; Bild: Wenn du Metzgerei spielen willst, dann *miet'* doch das **Fleisch**.

medal [medl] *[mäddl]* **Medaille**; Bild: Das *Mädl* bekommt eine **Medaille** umgehängt (Gold für Gymnastik).

meddle (with) [medl] *[mäddl]* **sich einmischen**; Bild: Ein *Mädl* soll **sich** nicht **einmischen**.

mellow [meləʊ] *[mellou]* **reif**; Bild: Die *Mel*one ist **reif**. (Jemand klopft auf eine Melone und hört, ob's »dong« macht.)

melt [melt] *[melt]* **schmelzen**; Bild: Bei der Vokabel »*melt*« ver**sch***melt***zen** das deutsche und das englische Wort.

member [membəʳ] *[membä]* **Mitglied**; Bild: Alle **Mitglieder** der Trommelgruppe sitzen um eine große Trommel und schlagen den gleichen Rhythmus auf die *Membr*an (**mit** ihrem **Glied**).

memory [memᵊri] *[memori]* **Gedächtnis, Erinnerung**; Bild: Beim *Memory* spielte mein **Gedächtnis** nicht mehr mit und ich verlor.

mental [mentl] *[mentl]* **geistig**; Bild: »Ein Männlein steht im Walde ganz still und stumm, es hat vor lauter Purpur ein Mäntlein um. Sagt, wer

mag das Männlein sein, das da steht im Wald allein mit dem purpurroten *Mäntel*ein.« – »Ich glaube, das Männlein mit dem *Mäntel*lein ist **geistig** verwirrt.«

mention [menʃn] *[menschn]* **erwähnen**; Bild: Der liebe Gott schreibt seine Memoiren und überlegt sich, ob er die *Menschen* überhaupt **erwähnen** soll.

mercury [mɜkj^{e}ri] *[möhkjuri]* **Quecksilber**; Bild: Freddie *Mercury* (Sänger der Gruppe Queen) steckt sich ein **Quecksilber**-Fieberthermometer in den Po. Die Quecksilbersäule steigt enorm an.

mercy [mɜsi] *[möhsi]* **Mitleid, Erbarmen, Gnade**; MH: Hat nichts mit der *merci*-Schokolade (Marke) zu tun. Das ist nämlich Französisch und heißt »Danke« und nicht »**Gnade**«.

meter [miːte^{r}] *[mihtä]* **Zähler, Messuhr**; Bild: Der *Mieter* liest den Strom**zähler** ab.

mice [mais] *[mais]* **Mäuse**; Bild: Viele **Mäuse** knabbern an einem *Mais*kolben.

middle [midl] *[middl]* **Mitte, Mittelteil**; Bild: In der **Mitte** des Raumes steht ein Wasch*mittel*.

migrant [maigrænt] *[maigränt]* **Zuwanderer**; Bild: *Mike rennt* (Mike Krüger) vor einem **Zuwanderer** davon.

mike [maik] *[maik]* **Mikrofon, Mikro**; Bild: *Mike* Krüger steckt sich ein **Mikro** in den Mund.

milk [milk] *[milk]* **Milch**; Bild: Der Bauer sagt zum Knecht: »*Melk* **Milch**! Als Belohnung bekommst du einen Riegel *Milk*y Way (Marke – »... der schwimmt sogar in **Milch**!«) oder eine Tafel *Milk*a (Marke).«

millet [milit] *[millit]* **Hirse**; Bild: Beim *Milit*är isst man die **Hirse** aus dem Feldgeschirr (grüne Blechschüssel mit Bügel).

mince [mins] *[mins]* **hacken, durch den Fleischwolf drehen**; Bild: Die *Minz* (Kosename für eine Katze) wird zer**hackt**. Mincemeat (= Hackfleisch) bekommt dann irgendwie eine merkwürdige Bedeutung.

mind [maind] *[maind]* **Geist, Verstand**; Bild: Er *meint,* er sei klar bei **Verstand**.

miner [mainə^{r}] *[mainä]* **Bergarbeiter**; Bild: Unterhalten sich zwei Frauen über ihre Ehemänner: »*Meiner* ist **Bergarbeiter.**« (siehe auch *diner*)

minor [mainə^{r}] *[mainä]* **unbedeutend, kleiner**; Bild: *Meiner* ist **kleiner**.

minus [mainəs] *[maines]* **minus**; Bild: *Meines* Wissens ist 9 **minus** 6 gleich 3.

mire [maiə] *[maiä]* **Schlamm, Sumpf**; Bild: Sepp *Maier* macht **Schlamm**catchen. Er steht im Tor und hechtet direkt in ein **Schlamm**loch.

mirror [mirə^r] *[mirrä]* **Spiegel**; Bild: Statt einem Badezimmer**spiegel** habe ich ein Bild von *Miró* (Maler). Bild: Das Jesuskind bekommt Gold, Weihrauch und einen **Spiegel** (anstatt *Myrrhe).*

mischief [mistʃif] *[mistschihf]* **Gefahr, Schaden**; Bild: So ein *Mist*: Es ist *schief*. Das bedeutet große **Gefahr** (oder großen **Schaden**).

misery [mizəri] *[misäri]* **Elend, Not**; Bild: Mir geht es *mies*. Ich muss aus der *Misere* wieder raus, damit das **Elend** ein Ende hat.

misfire [misfaiə^r] *[misfaiä]* **fehlschlagen**; Bild: Die *Miss-Feier* ist total **fehlgeschlagen**.

misfit [misfit] *[misfit]* **Außenseiter**; Bild: Bei einer *Miss*-Wahl zur *fit*testen Frau ist eine auf dem letzten Platz gelandet. Sie galt ohnehin als absolute **Außenseiterin**. Auf ihrer Schärpe steht: »*Miss fit*«. Tipp: Es gab auch ein Kabarett-Duo, das sich »*Missfits*« nennt:

missing [misiŋ] *[mising]* **vermisst, fehlend**; Bild: Bei einer Miss-Wahl wird die Chinesin *Miss Sing* **vermisst**.

mission [miʃn] *[mischn]* **Auftrag, Mission**; Bild: Jemand hat den **Auftrag**, mit einer Betonmischmaschine **Aufträge** (in Papierform) zusammenzu*mischen*.

misspell [misspel] *[mispel]* **falsch schreiben**; Bild: *Misbell* ist **falsch geschrieben**!

mist [mist] *[mist]* **Nebel**; Bild: Der **Nebel** entwickelt sich in einem *Mist*haufen und steigt dann nach oben.

mistake [misteik] *[mistäik]* **Fehler**; Bild: Auf einem frisch gedüngten *Mistack*er habe ich einen **Fehler** entdeckt.

mite [mait] *[mait]* **Milbe**; Bild: Eine schöne *Maid* sitzt im Bett und zählt die **Milben**. Sie führt dabei eine Strichliste. (»Schöne *Maid,* hast du heut' für mich Zeit?« – »Nein, ich muss **Milben** im Bett zählen.«)

mitten [mit^{e}n] *[mitten]* **Fausthandschuh**; Bild: Beim **Fausthandschuh** befinden sich in der *Mitte* die Finger.

modern [mɒd^{ə}n] *[moden]* **modern**; Bild: Kleider, die von *Motten* zerfressen wurden, sind dieses Jahr besonders **modern**. Hört sich ähnlich an wie im Deutschen.

modest [mɒdist] *[modist]* **bescheiden**; Bild: *Modest* Mussorgski (Komponist von »Bilder einer Ausstellung«) war ein **bescheiden**er Komponist.

moisten [mɔis^{ə}n] *[mäusn]* **anfeuchten**; Bild: Den *Mäusen* das Fell mit einem nassen Lappen **anfeuchten**.

moisturize [mɔistʃ^{ə}raiz] *[mäustschrais]* **anfeuchten**; Bild: Wenn du die *Mäus'* siehst, dann (t)*schreist* bitte und **feuchte** sie dann **an**.

molar [məʊlə^r] *[moulä]* **Backenzahn**; Bild: Der **Backenzahn** malt im *Maul* die Speisen. Wenn der Mund voll ist, dann hört es sich auch richtig an: *Moul*er.

moll [mɑl] *[mol]* **Gangsterbraut**; Bild: Die **Gängsterbraut** ist *moll*ig und isst ein Pul*moll*-Bonbon (Marke) (wegen Raucherhusten).

money [mʌni] *[manni]* **Geld**; Bild: Ein *Manni* (Manfred) fächert sich mit **Geld**scheinen Luft zu.

monster [mɒnstə^r] *[monstä]* **Monster**; hört sich im Deutschen genauso an.

moody [mu:di] *[muhdi]* **missmutig, verdrossen, schlecht gelaunt**; Bild: *Mutti* ist heute wieder **schlecht gelaunt**. Bild: Lieber *mutig* als **missmutig**. MH: Es gibt auch eine britische Rockband mit dem Namen »The Moody Blues«.

moon [mun] *[muhn]* **Mond**; Der Mann im **Mond** ist im*mun*.

moor [mɔː^r] *[mohä]* **Heideland, Hochmoor**; Bild: Ein *Mohr* steht mitten im **Heideland**.

moose [mus] *[muhs]* **Elch**; Bild: Der **Elch** frisst eine große Schüssel Apfel*mus*. Bild: Der **Elch** wird zu *Mus* verarbeitet, weil er für die meisten nicht mundgerecht ist.

moot [mut] *[muht]* **Streit, Streitgespräch**; Bild: Es erfordert manchmal auch *Mut*, ein **Streitgespräch** zu beginnen.

moppet [mɒpɪt] *[mopit]* **Kind**; Bild: Ein **Kind** fährt mit einem *Moped* zur *Muppet*-Show.

more [mɔ^r] *[moä]* **mehr, noch mehr**; Bild: Ein Bettler mit einer Bettelschale steht im *Moor* und ruft: »Ich will **mehr**!«

morgue [mɔg] *[mohg]* **Leichenschauhaus**; Bild: Wenn i *mog* (Bayerisch), geh' ich ins **Leichenschauhaus**.

mortgage [mɔgidʒ] *[mohgidsch]* **Hypothek**; Bild: Die Banken kriegen eine *Mordsgage*, wenn ich mein Haus nicht mehr abbezahlen kann. Auf dem Haus ist nämlich eine **Hypothek**.

morsel [mɔsəl] *[mohsl]* **Happen, Bissen**; Bild: Zum *Mosel*wein gibt es leckere **Happen**.

mosque [mɒsk] *[mask]* **Moschee**; Bild: Eine **Moschee**, die in *Mosk*au steht. Bild: In der **Moschee** schwirren Tausende von *Mosk*itos herum.

most [məʊst] *[moust]* **die meisten, meist**; Bild: **Die meisten** trinken *Most* auf der Feier.

mother [mʌðər] *[massä]* **Mutter**; Bild: »**Mutter**, gib die Kla*mot' her*.«

motor [məʊtər] *[moutä]* **Motor**; hört sich im Deutschen ähnlich an.

mottled [mɒtld] *[motld]* **gefleckt**; Bild: Obwohl Gorbatschow (Politiker) im Gesicht **gefleckt** ist, *modelt* er dennoch.

mourn [mɔːn] *[mohn]* **trauern**; Bild: Alle Gäste **trauern** mit Klatsch*mohn* um ihren Verstorbenen.

mouse [maʊs] *[maus]* **Maus**; hört sich im Deutschen genauso an.

mousy [maʊsi] *[mausi]* **schüchtern, unscheinbar**; Bild: Meine *Mausi* (Kosename für die Freundin) ist total **schüchtern**.

mouth organ [maʊθɔːgən] *[mausohgn]* **Mundharmonika**; Bild: Aus einer *Maus* werden *Organ*e entnommen. Eine kleine **Mundharmonika** ist auch dabei.

mower [məʊər] *[mouä]* **Rasenmäher**; Bild: Mit dem **Rasenmäher** auf der chinesischen *Mauer* mähen.

much [mʌtʃ] *[matsch]* **viel**; Bild: **Viel** *Matsch*. Tipp: *Matsch* kann man nicht zählen, money schon. (Erklärung dafür, wann man »much« und wann man »many« benutzt.)

muddy [mʌdi] *[madi]* **verschmutzen, schmutzig machen**; Bild: *Muddy* Waters (übs. **schmutzige** Wässer) war einer der bekanntesten Blues-Musiker. Er entnimmt aus dem **verschmutzen** Wasser Proben für eine Analyse.

muffler [mʌflər] *[maflä]* **Auspufftopf**; Bild: Aus dem **Auspufftopf** kommen Gase, und die *muffeln* enorm.

mug [mʌg] *[magg]* **Becher mit Henkel**; Bild: Aus einem **Becher** trinke ich *Muck*efuck (den guten alten Ersatzkaffee aus Zichorie, ähnlich wie Caro-Kaffee (Marke). Bild: Auf dem **Becher mit Henkel** steht »Ich *mag* dich«.

mugger [mʌgər] *[magä]* **Straßenräuber**; Bild: »*Mag er* vielleicht auch noch meine Handtasche?«, fragt das Opfer den **Straßenräuber**.

muggy [mʌgi] *[maggi]* **schwül, drückend**; Bild: Wenn es total **schwül**

und **drückend** ist, dann soll man einen kräftigen Schluck aus der *Maggi*-Flasche (Marke) nehmen. Bild: Wenn's **schwül** is, ja, des *mag i.* (Bayerisch)

munch [mʌnʃ] *[mansch]* **mampfen, geräuschvoll kauen**; Bild: Besonders geräuschvoll und sinnlich ist es beim **Mampfen**, wenn man zusätzlich noch mit dem Essen (Kartoffelpüree) herum*mansch*t.

muppet [mɒpit] *[mapit]* **Dödel, Vollidiot** *(ugs.)*; Bild: Wer hat gewusst, dass die *Muppet*-Show nur aus **Vollidioten** besteht?

murder [mɜːdə^{r}] *[möhdä]* **Mord, Ermordung**; Bild: Der *Mörder* begeht den **Mord**.

muscle [mʌsl] *[masl]* **Muskel**; Bild: *Marcel* macht **Muskel**aufbautraining.

mush [mʌʃ] *[masch]* **Brei, Mus**; Bild: Bei einem **Brei** wird immer alles zusammengemischt. Dann erhält man einen Misch*masch.*

mushroom [mʌʃrʊm] *[maschruhm]* **Pilz**; Bild: Im *Masch*inen*raum* wachsen **Pilze**. Bild: Im W*aschraum* wachsen **Pilze**.

musk [mʌsk] *[mask]* **Moschus**; Bild: Der **Moschus**duft ist besonders *mask*ulin.

muskrat [mʌskræt] *[maskrät]* **Bisamratte**; Bild: Die **Bisamratte** hat den *Mars g'rett* (Mars gerettet).

mussel [mʌsl] *[massl]* **Muschel (Miesmuschel)**; Bild: Er hat die **Muschel**soße ver*massel*t: Statt *M*uscheln hat er *Assel*n benutzt. Bild: Ein *Musl*im (*Musel*mann) isst **Muscheln**.

must [mʌst] *[mast]* **müssen**; Bild: Wir **müssen** die Tier*mast* verbieten. Bild: Der Segel*mast* **muss** senkrecht stehen.

mutter [mʌtə^{r}] *[mattä]* **brummeln, murmeln**; Bild: Die Mutter **brummelt** irgendetwas vom *Matter*horn.

mutton [mʌt^{ə}n] *[matten]* **Hammel, Hammelfleisch**; Bild: Der **Hammel** legt sich zwei Turn*matten* zurecht und macht darauf Purzelbäume.

muzzle [mʌzl] *[massl]* **Hundeschnauze, Gewehrmündung**; Bild: Als ich dann die **Gewehrmündung** vor meinen Augen sah, wusste ich, dass ich es ver*massel*t hatte.

my [mai] *[mai]* **mein(e)**; Bild: Alle **meine** *Mai*käfer.

myrrh [mɜː^{r}] *[möhä]* **Myrrhe**; Bild: Die drei Weisen aus dem Morgenland brachten Weihrauch, Gold und *Möhr*en (und nicht **Myrrhe**).

mystic [mistik] *[misdik]* **mystisch, geheimnisvoll**; Bild: Die *Miss Dick* (von den Miss-Wahlen der Dicken) ist eine sehr **geheimnisvolle** Frau.

N

namely [neimli] *[näimli]* **nämlich**; Bild: Wer *namely* mit ch schreibt, ist **nämlich** ein Deutscher.

natter [næte^{r}] *[nättä]* **quatschen, Schwatz**; Bild: Ein *netter* **Schwatz** mit einer Ringel*natter*.

near [niə^{r}] *[niäh]* **nahe, in der Nähe**; Bild: Die *Nier*e ist **in der Nähe** der Milz.

neaten [niːt^{ə}n] *[nihten]* **Ordnung machen, in Ordnung bringen**; Bild: Der Lederfummel mit *Nieten* muss in **Ordnung gebracht** werden.

neglect [niglekt] *[niglekt]* **vernachlässigen**; Bild: Sie wurde **vernachlässigt**, weil sie *nie* (am A...) *g'leckt* wurde.

nestle [nesl] *[nessl]* **sich gemütlich machen**; Bild: Sie **macht es sich** in den Brenn*nessel*n **gemütlich**. Bild: Man kann **es sich** auch mit *Nestle*-Produkten **gemütlich machen**.

net [net] *[nett]* **Netto**; Bild: Es ist *nett*, wenn **netto** mehr übrig bleibt.

nibble [nibl] *[nibbl]* **knabbern**; Bild: Am *Nippel* **knabbern**.

niece [nis] *[nihs]* **Nichte**; Bild: Meine **Nichte** *nies*t in ein Taschentuch.

night [nait] *[nait]* **Nacht**; Bild: Voller *Neid* blickt die **Nacht** auf den Tag, da der Tag mit der Sonne geht.

night shift [naitʃift] *[naitschifft]* **Nachtschicht**; Bild: In der **Nachtschicht** hat ein Mitarbeiter irgendwo *nei'gschifft* (Bayrisch für »hineinuriniert«).

nil [nil] *[nil]* **nichts, Null**; Bild: Man zieht aus dem *Nil* (Fluss) eine große **Null** heraus.

nine [nain] *[nain]* **neun**; Bild: »Hast du beim Kelgeln alle **Neune** geschaft?« »*Nein*!« Bild: Eine durchgestrichene 9.

ninety [nainti] *[nainti]* **neunzig**; Bild: *Nein, die* **neunzig** hat er noch nicht überschritten. Bild: *Nein, die* **Neunziger** haben mir überhaupt nicht gefallen.

nipple [nipl] *[nipl]* **Brustwarze**; MH: Für alle, die es noch nicht wissen: Im Deutschen ist ein *Nippel* ein Rohrverbindungsstück für Rohrmuffen. Man stelle sich ein solches Teil an einer **Brustwarze** vor. Tipp: Fragen Sie doch im Baumarkt mal eine Verkäuferin, ob sie große Nippel aus Kunststoff hat.

node [nəʊd] *[noud]* **Knoten**; Bild: Sie bekam gute *Not*en auf ihre Seemanns**knoten.**

noise [nɔiz] *[nois]* **Lärm, Krach**; Bild: Die Band produziert wie immer nur **Lärm**. Es gibt also nichts *Neues*.

noisy [nɔizi] *[noisi]* **laut**; Bild: Am *Neusi*edlersee ist es (nicht) **laut**.

noodle [nudl] *[nudl]* **Dummkopf, Nudel**; Bild: Einem typischen **Dummkopf** wachsen *Nudel*n statt Haare.

noon [nun] *[nuhn]* **Mittag**; Bild: *Nun* ist es schon wieder **Mittag**.

note [nəʊt] *[nout]* **Notiz**; Bild: In der größten *Not* macht sie sich noch eine **Notiz**.

nude [njud] *[njuhd]* **nackt**; Bild: Die *Nud*isten sind **nackt**. Bild: Der Physiker *Newt*on war immer **nackt**.

nugget [nʌgit] *[nagit]* **Klumpen**; Bild: Chicken *Nuggets* von McDonald's sind Hähnchen**klumpen**.

nurse [nɜs] *[nöhs]* **Krankenschwester**; Bild: Die **Krankenschwester** spritzt mir etwas intrave*nös*.

nuts [nʌts] *[nats]* **Nüsse**; MH (Werbeslogan): Slogan: *Nuts* (Marke) hat's; **Nuss** an **Nuss** ein ganzer Genuss.

O

oar [ɔ^{r}] *[oä]* **Ruder**; Bild: **Ruder** mit *Ohr* als Ruderblatt.

oasis [əʊeisis] *[oäisis]* **Oase**; Bild: *Oasis* (Musikgruppe) spielen live in einer **Oase**.

observe [əbzɜv] *[obsöhv]* **beobachten**; Bild: Ich (Restaurantkritiker) **beobachte**, *ob* der *Serv*ice besser geworden ist.

obvious [ɒbviəs] *[obwiäs]* **offensichtlich**; Bild: *Ob wir 's* tun? Ist doch **offensichtlich**.

offer [ɒfə^{r}] *[offä]* **Angebot**; Bild: Das **Angebot** ist im K*offer*.

office [ɒfis] *[offis]* **Büro**; Bild: Im **Büro** geht's *oft fies* zu.

often [ɒf^{ə}n] *[offen]* **oft**; Bild: **Oft** ist das Fenster *offen*.

oil [ɔil] *[oil]* **Öl**; Bild: Die **ölverschmierte** *Eul*e *heult*.

once [wʌns] *[wans]* **einmal**; Bild: **Einmal** *wahn*sinnig, immer *wahn*sinnig. Bild: Wenn ich doch **einmal** die *Wan*ze erwischen würde.

one [wʌn] *[wan]* **eins**; Bild: Das Baby fragt: »*Wann* werde ich endlich die Nummer **eins**?«

onion [ʌniən] *[aniän]* **Zwiebel**; Bild: **Zwiebel**gewächse waren die dominanten Gewürze im alten Babyl*onien*. Bild: Vor dem berühmten Turm von Babil*on(ien)* (Brueghels »Turmbau von Babel«) steht jemand und beißt in eine **Zwiebel**.

opal [əʊp^{ə}l] *[oupel]* **Opal**; Bild: Mit einem **Opal** kaufe ich einen *Opel*.

opposite [ɒpəzit] *[opäsit]* **Gegenteil**; Bild: Von dem Platz aus, wo *Opa sitz*t, höre ich immer das **Gegenteil**.

optic [ɒptik] *[optik]* **optisch, Seh...**; Bild: *Ob dick,* ob dünn, mit dieser **Seh**hilfe kann ich es besonders gut erkennen.

option [ɒpʃ^{ə}n] *[opschn]* **Wahl**; Bild: *Obschon* ich die **Wahl** habe, steht meine Entscheidung schon fest.

or [ɔː^{r}] *[oäh]* **oder**; Bild: Van Gogh (Maler) fragt sich: »Soll ich dir das *Ohr* **oder** das andere *Ohr* abschneiden?«

orbit [ɔbit] *[ohbit]* **Umlaufbahn**; Bild: Der *Orbit*-Kaugummi (Marke) fliegt in der Erd**umlaufbahn**.

order [ɔder] *[ohdä]* **Ordnung**; Bild: Chaos *oder* **Ordnung?**

organ [ɔgən] *[ohgen]* **Orgel, Organ**; Bild: In der **Orgel** hat der Mörder (Jack the Ripper) die *Organ*e versteckt.

our [aʊə^{r}] *[auä]* **unser**; Bild: **Unser** *Auer*hahn hat ein »*Aua*«.

outdoor [aʊtdɔː^{r}] *[autdoä]* **Außen-, im Freien**; Bild: Der *Autor* schreibt sein Buch **im Freien**.

oval [əʊvl] *[ouvl]* **oval**; Bild: Ganz bekannt: Im »*Oval* office« (**oval**em Büro) sitzt der amerikanische Präsident.

oven [ʌvn] *[avn]* **Backofen**; Bild: Die **Backofen**tür steht *offen*.

owe [əʊ] *[ou]* **schulden, verdanken**; Bild: *Oh* weh, ich **schulde** dir noch etwas.

owl [aʊl] *[aul]* **Eule**; Bild: In der Schul*aul*a fliegt eine **Eule** herum.

P

page [peidʒ] *[päitsch]* **Seite**; Bild: In einer Zirkusaufführung wird mit einer *Peitsch*e eine Buch**seite** immer um die Hälfte zerkleinert. Dabei hält eine hübsche junge Dame das Papier zwischen ihren Händen.

pain [pein] *[päin]* **Schmerzen**; Bild: Für manche Jungs ist es *pein*lich, **Schmerzen** zu zeigen.

pair [peər] *[pär]* **Paar**; Bild: Ein *Pär*chen ist auch ein **Paar**.

pal [pæl] *[päl]* **Kumpel, Kamerad**; Bild: Das Pedigree-*Pal*-Hundefutter (Marke) ist für den besten **Kumpel**: den Hund.

palm [pɑm] *[pahm]* **Handfläche**; Bild: *Palm*olive-Geschirrspülmittel (Marke) ist gut zu deinen **Handflächen**. Vielleicht kann man sich noch an Tilly aus der Werbung erinnern.

pamper [pæmpər] *[pämpä]* **verhätscheln, verwöhnen**; Bild: Ein Baby mit *Pamper*s-Windeln (Marke) wird **verhätschelt** (Nase stupsen, Dudi-Dudi-Deideidei).

pan [pæn] *[pän]* **Pfanne**; Bild: Peter *Pan* hat eine **Pfanne** in der Hand.

panda [pændə] *[pändä]* **Panda**; Bild: *Pennt der* **Panda** oder is' der schon tot?

pang [pæŋ] *[päng]* **plötzlicher Schmerz**; Bild: Macht es »*Päng*« aus einem Gewehr, verspürst du einen **plötzlichen Schmerz**.

pannier [pæniər] *[päniä]* **Tragekorb**; Bild: Ein **Tragekorb** wird *panier*t: Zuerst in Mehl, dann in Ei, dann in Semmelbrösel und zum Schluss ab in die Pfanne.

par [pɑr] *[pahr]* **Gleichheit, Nennwert**; Bild: Die **Gleichheit** der Geschlechter sollte bei einem *Paar* sichergestellt sein.

parboil [pɑbɔil] *[pahboil]* **ankochen**; Bild: Der *parboil*ed Reis ist **halb angekocht**. Bild: Der Reis macht auch beim Kochen ein *paar Beul*en.

parcel [pɑsəl] *[pahsel]* **Paket, Päckchen**; Bild: Das **Paket** kommt aus *Basel*. Bild: Harry Potter spricht *Parsel* (Schlangensprache) mit einem **Päckchen**. Bild: Es gibt sogar mittlerweile ein Wörterbuch »German *Parcel*«, das man sich im **Päckchen** schicken lassen kann.

pardon [pɑdən] *[pahden]* **verzeihen, entschuldigen**; Bild: Meine *Paten*tante **entschuldigt** sich bei mir. Bild: **Entschuldigen** Sie: »Darf ich in Ihrer Badewanne *baden*?«

parents [peərents] *[pärents]* **Eltern**; Bild: Die *paar Rent*ner sind meine **Eltern**. Bild: Ein *Paar rennt* hinter ihren Kindern hinterher. Das können nur die **Eltern** sein.

parrot [pærət] *[pärret]* **Papagei**; Bild: Ein *paar rote* **Papageien** *parod*ieren sich im *Parad*ies.

past [past] *[pahst]* **Vergangenheit**; Bild: Hast du den Bus ver*passt*, dann nennt man das **Vergangenheit**.

pasta [pæstə] *[pästa]* **Nudeln**; Bild: Statt einer Soße kommt Zahn*pasta* auf die **Nudeln**.

pastor [pastəʳ] *[pahstä]* **Pfarrer, Pastor**; Bild: *Passt er* auf die Gemeinde auf, der Herr **Pfarrer**?

pasture [pastʃəʳ] *[pahstschä]* **weiden, Weide**; Bild: Das »*passt schon*«, wenn die Kühe **weiden**. Tipp: Der *Pastor* ist ein Hirte, der auf der **Weide** seine Herde zusammenhält.

patient [peiʃnt] *[päischnt]* **geduldig**; Bild: Als *Patient* beim Arzt muss man **geduldig** sein und warten, bis man drankommt.

pave [peiv] *[päiv]* **pflastern**; Bild: Ein *Pav*ian **pflastert** den Gehweg.

pea [pi] *[pih]* **Erbse**; Bild: Beim *Pi*pimachen kommen zwei **Erbsen**. (Übrigens: *pee* heißt pinkeln.) Bild: Alle, die sich die Kreiszahl *Pi* merken können, sind **Erbsen**zähler.

peace [pis] *[pihs]* **Frieden**; Bild: *Pi*seln für den **Frieden**.

peanut [pinʌt] *[pihnat]* **Erdnuss**; Bild: Alle *Peanut*s (Charlie Brown, Lucy, Snoopy usw.) essen **Erdnüsse**. Tipp: Peanut wörtlich übersetzt: Erbsennuss.

pedigree [pedigri] *[pedigrih]* **Stammbaum**; Bild: Ein **Stammbaum**, an dessen Astenden viele Pedigree-Pal-Dosen (Marke) hängen.

pedlar [pedləʳ] *[pedlä]* **Hausierer**; Bild: Der *Bettler* hat jetzt einen neuen Job. Er ist jetzt **Hausierer**.

peel [pil] *[pihl]* **schälen**; Bild: »Die Kartoffeln *pel*len« (Pellkartoffeln) heißt »**schälen**«.

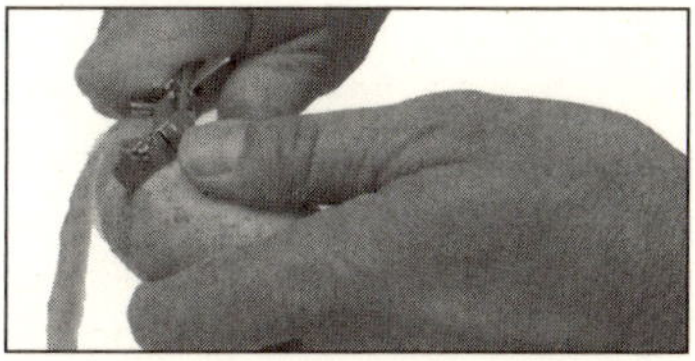

pelt [pelt] *[pelt]* **Fell**; Bild: Beim Abziehen des **Fells** *bellt* der Hund.

pelvis [pelvis] *[pelwis]* **Becken**; Bild: Weil Elvis besonders gut mit seinem **Becken** (Hüften) kreisen konnte, bekam er den Beinamen »Elvis the *pelvis*«.

pen [pen] *[penn]* **Stift**; Bild: Der **Stift** zwischen den Lip*pen*.

pencil [pensl] *[pensl]* **Bleistift**; Bild: Mit einem *Pinsel* bemale ich einen **Bleistift**.

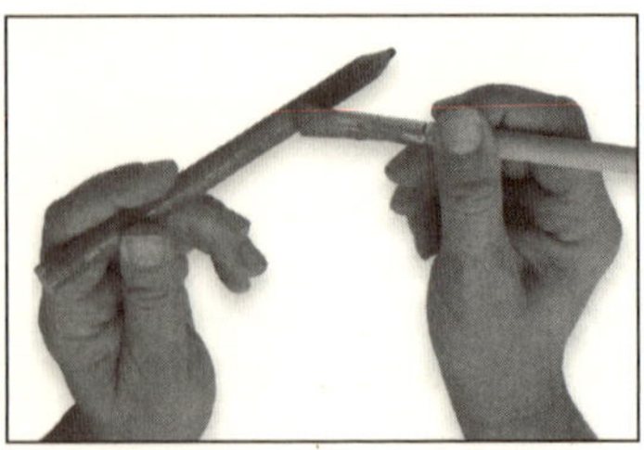

penfriend [penfrend] *[pennfränd]* **Brieffreund**; Bild: Ein Penfriend ist kein *Freund,* mit dem man *pen*nt. Man sitzt aber gemeinsam im Bett und schreibt seinem gegenübersitzenden **Freund** einen **Brief**.

pennon [penən] *[pennän]* **Wimpel, Fähnchen**; Bild: Der Penner kann nur ein*pennen,* wenn er den **Wimpel** aufs Gesicht legt.

permit [pəmit] *[pöhmit]* **erlauben**; Bild: »Darf ich in die *Oper mit*? **Erlaubst** du es mir?« Bild: »Darf der *Per mit* (Peer Steinbrück) zum Spielen? Bitte **erlaub** es mir.« – »Nein, der will doch nur dein Geld haben.«

peter out [pitəʳaʊt] *[pitä aut]* **nachlassen, zu Ende gehen**; Bild: Der *Peter* is *out,* weil er **nachgelassen** hat.

pet shop [petʃɒp] *[petschap]* **Zoohandlung**; Bild: Die *Pet-Shop*-Boys (Popduo) sind Verkäufer in einer **Zoohandlung** und verkaufen Goldfische.

pettiness [petinəs] *[petinäs]* **Belanglosigkeit, Trivialität**; Bild: *Bettinas* wichtiges Getue grenzt an **Trivialität**. Bild: *»Bett iih nass«*, sagt das Kleinkind, nachdem es ins Bett gemacht hat. Die Mutter denkt: »Das ist doch alles nur eine **Belanglosigkeit.**«

philtre [filtəʳ] *[filtä]* **Zaubertrank**; Bild: Der **Zaubertrank** muss unbedingt noch durch einen *Filter* laufen, sonst ist er zu stark.

pickle [pikl] *[pikl]* **Essiggurke**; Bild: Der *Pickel* verschwindet sofort, wenn man eine Scheibe **Essiggurke** darauflegt.

pick up [pikʌp] *[pikap]* **aufheben**; Bild: Ich **hebe** einen Leibniz-*Pick-up*-Keks (Marke) **auf**.

pig [pig] *[pig]* **Schwein**; Bild: Das **Schwein** ist schlam*pig* bzw. es *pick*t im Schlamm.

pillion [piliən] *[piliän]* **Sozius**; Bild: Der Motorradfahrer hat in seinem **Sozius** 1 *Billion* Euro versteckt.

pine [pain] *[pain]* **sehnen (sich)**; Bild: Es ist *pein*lich, sich danach zu **sehnen**.

pious [paiəs] *[paiäs]* **fromm, gottesfürchtig**; Bild: Papst *Pius* war **fromm**?

pique [piːk] *[pihk]* **Ärger, verärgern**; Bild: Der **Ärger** war groß. Ihm fehlte noch die Karte *Pik* Ass.

pissed [pist] *[pist]* **besoffen, blau, voll**; Bild: Wenn jemand **besoffen** ist, *pisst* er sich auch manchmal in die Hose.

piston [pistən] *[pistän]* **Hubkolben**; Bild: Menschen stehen an den Skiabfahrts*pisten* und handeln mit **Hubkolben** (= Autoteil).

pit [pit] *[pit]* **Grube**; Bild: Brad *Pitt* (Schauspieler) als **Grube**narbeiter mit Stirnlampe, Pickel, Handlampe und verrußtem Gesicht.

plane [plein] *[pläin]* **Flugzeug**; Bild: Christo (Verpackungskünstler, der den Reichstag eingepackt hat) verpackt ein **Flugzeug** in eine *Plane*.

plate [pleit] *[pläit]* **Teller**; Bild: In einem Restaurant bekomme ich mein Essen nicht auf einem **Teller**, sondern auf einer Schall*platte* serviert. Bild: Statt einer Schall*platte* ist ein **Teller** auf dem *Platten***teller**.

plume [pluːm] *[pluhm]* **Feder**; Bild: Eine *Blum*e hat als Blütenblätter **Federn**, die man herausreißen kann. (Er liebt mich, er liebt mich nicht, ...)

poison [pɔizn] *[poisn]* **Gift**; Bild: Die *Preußen* haben das **Gift** erfunden.

poker [pəʊkəʳ] *[poukä]* **Schürhaken**; Bild: Mit einem **Schürhaken** werden *Poker*karten im offenen Kamin verbrannt.

polite [pəlait] *[polait]* **höflich**; Bild: Die Polizei ist *(Polit*essen sind) neuerdings sehr **höflich**. Bei Verkehrskontrollen werden zur Begrüßung Getränke verteilt, beim Abschied gibt's Blumen und Süßes.

ponder [pɒndəʳ] *[pondä]* **durchdenken, nachdenken, grübeln**; Bild: Der *Panther* **grübelt nach**. Bild: Auf der *Ponder*osa-Ranch (Bonanza) **grübeln** alle **nach**.

poodle [pudl] *[puhdl]* **Pudel**; hört sich im Deutschen genauso an.

pop [pɑp] *[pop]* **knallen lassen**; Bild: Wenn man *Pop*corn selber macht,

dann kann man die Körner **knallen lassen**.

possess [pəzes] *[poses]* **besitzen**; Bild: Mit meinem *Po setzte* ich mich auf das, was ich **besitze**.

post [pəʊst] *[poust]* **Pfosten, Pfahl**; Bild: Einen **Pfahl** mit Briefmarke zur *Post* bringen.

pot [pɒt] *[pot]* **Topf**; Bild: Im Ruhr*pott* stellt man die besten **Töpfe** her. Tipp: Im Niederdeutschen gibt es auch das Wort »*Pott*« für **Topf**.

potato [pəteitəʊ] *[potäitou]* **Kartoffel**; Bild: Auf den *Po* hat sich jemand ein *Tattoo (Po-Tattoo)* mit **Kartoffel**stempel draufmachen lassen.

potter [pɒtə^{r}] *[pottä]* **Töpfer**; Bild: Harry *Potter* **töpfer**t eine Vase.

pour [pɔː^{r}] *[pohr]* **gießen**; Bild: Die Blumen mit *pur*em Düngemittel zu **gießen**, ist für die Pflanzen sehr ungesund. Bild: Die *Por*en auf der Haut **gießen**.

powder [paʊdə^{r}] *[paudä]* **Pulver**; Bild: In einer Bombe ist kein Schieß**pulver** drin, sondern Puderzucker. Sie nehmen die Bombe und streuen aus der Öffnung *Puder*zucker auf einen Schokokuchen.

power [paʊə^{r}] *[pauä]* **Macht**; Bild: Ein *Bauer* kommt an die **Macht** und wird in Stiefeln, Mistgabel und Arbeitskleidung gekrönt.

praise [preiz] *[prais]* **loben**; Bild: Den lieben Gott **lob***preisen*.

prayer [preə^{r}] *[präiä]* **Gebet**; Bild: Ein *Sprayer* sprüht mit Farbe das Vaterunser-**Gebet** an die Kirche.

preach [pritʃ] *[prihtsch]* **predigen**; Bild: Der Prediger (Pfarrer) steht auf einer zur Bühne umfunktionierten *Pritsch*e und **predigt** zu einer kleinen Gemeinde.

pregnant [pregnənt] *[pregnänt]* **schwanger**; Bild: »Schatz, ich muss dir was sagen. Kurz und *prägnant*: Ich bin **schwanger**.«

pretty [priti] *[pritti]* **schön**; Bild: Eine **schöne** Frau mit *Pritt*-Klebestift (Marke) im Bilderrahmen.

prey [prei] *[präi]* **Beute**; Bild: Hermann *Prey* (Kammersänger) verfolgt eine Gazelle und beißt seiner **Beute** ins Genick. Bild: Der Löwe frisst ausnahmsweise einen *Brei*, weil er seine **Beute** nicht erwischt hat.

price, prize [prais] *[prais]* **Preis**; Tipp: Es gibt einen Unterschied zwischen price und prize: price = Geld-Preis, und prize = Preis, den man gewinnt. Schaut man sich die Wörter an, so fällt auf, dass das eine mit »c«, das andere mit »z« geschrieben wird.

Eselsbrücke: How much does it cost? – Cost und Price enthalten beide ein »c«.

prickle [prikl] *[prikl]* **Dorn, Stachel**; Bild: Es ist nicht besonders *prickel*nd, wenn man sich an einem **Dorn** sticht.

printer [printəʳ] *[printä]* **Drucker**; Bild: Aus meinem **Drucker** kommen *Printen* raus.

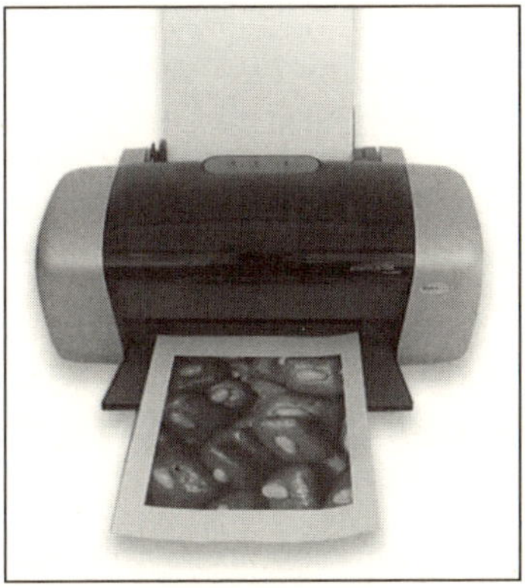

probe [prəʊb] *[proub]* **erforschen**; Bild: Um etwas **erforschen** zu können, entnehmen die Wissenschaftler Boden*probe*n.

promise [prɒmis] *[promis]* **Versprechen**; Bild: Die *Promis* halten **Versprechen** eher selten.

proof [pruf] *[pruhf]* **Beweis**; Bild: Dem *Prof*essor einen mathematischen **Beweis** vorlegen.

proper [prɒpəʳ] *[proppä]* **richtig, passend, geeignet**; Bild: Meister *Proper* (Marke) mit Glatze und vielen Muskeln ist der **richtige** Mann für den Haushalt.

proud [praʊd] *[praud]* **stolz, hochmütig**; Bild: Die *Braut* ist sehr **stolz** (auf ihr Hochzeitskleid).

puddle [pʌdl] *[paddl]* **Pfütze**; Bild: Ein Däumling *paddel*t wie ein Bekloppter, um ans andere Ufer der **Pfütze** zu kommen.

pull [pʊl] [pull] **ziehen**; Bild: Ich **ziehe** an der *Pull*e (Flasche). Bild: Volle *Pull*e habe ich beim Tau**ziehen** gezogen.

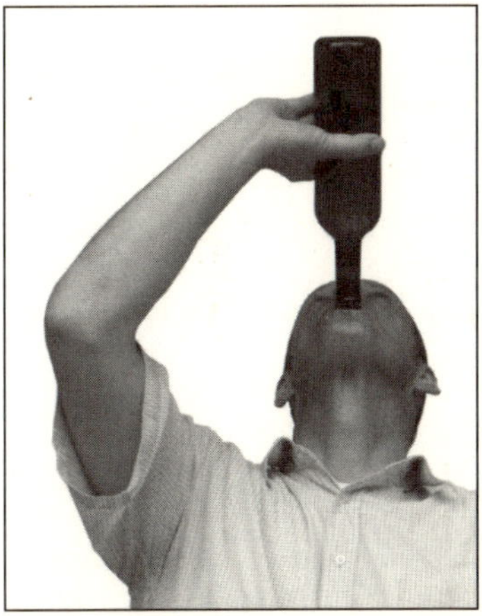

pulley [pʊli] *[pulli]* **Flaschenzug**; Bild: Ein *Pulli* hängt an einem **Flaschenzug**.

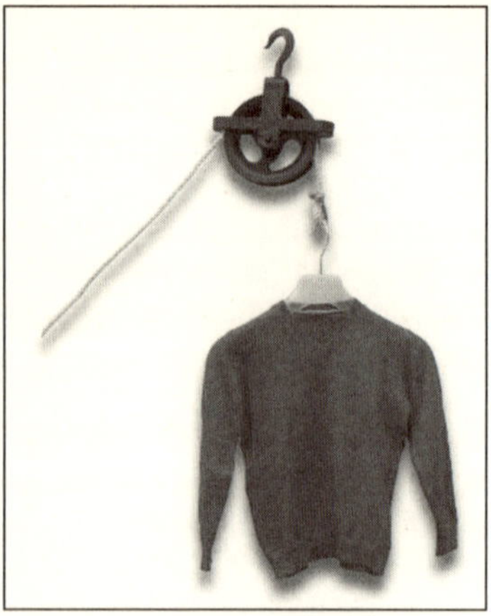

pumpkin [pʌmpkin] *[pampkin]* **Kürbis**; Bild: Ein **Kürbis** wird mit einer Luftpumpe aufge*pump*t und hat eine *Kön*i*g*skro*n*e auf.

punish [pʌniʃ] *[pannisch]* **bestrafen**; Bild: Ich werde **bestraft**. Davor habe ich *panisch*e Angst. Bild: Ja*panisch* = Sag Ja zur **Bestrafung**.

pupil [pjupl] *[pjuhpill]* **Schüler**; Bild: Ein Lehrer erklärt vor den **Schülern** die *Pupil*le eines Auges. Er zeichnet an die Tafel ein großes Auge und malt gerade die *Pupil*le aus.

purse [pɜs] *[pöhs]* **Geldbörse**; Bild: **Geldbörse** = Geld*pörs*.

pursuit [pəsjut] *[pösjuht]* **Streben**; Bild: Trivial *Pursuit* (Marke) ist ein bekanntes Wissensspiel. Es steht für alltägliches **Streben** (nach Wissen).

push [pʊʃ] *[pusch]* **drücken**; Bild: Hinterm *Busch* **drückt** jemand und macht gerade ein großes Geschäft.

put [pʊt] *[put]* **setzen, stellen, legen**; Bild: Beim Hühnerfüttern sagt man: »*Put, put, put.*« Die Hühner **sitzen** auf ihren Eiern, **stellen** sich dann auf und **legen** sich hin, wenn sie gefressen haben.

python [paiθən] *[paisn]* **Python**; Bild: **Pythons** sind Würgeschlangen und *beißen* nicht. (Beim »ß« lispeln wie eine Schlange.)

Q

quarrel [kwɒr^{ə}l] *[kwaräl]* **Streit**; Bild: Es gibt einen **Streit** mit Rudi *Carrell* (Entertainer). Tipp: *Querel*en gibt's auch im Deutschen.

quarter [kwɔtə^{r}] *[kwohtä]* **vierteln, Viertel**; Bild: Eine **geviertelte** Stadt besteht aus Stadt**vierteln** oder Stadt*quartie*ren. In einem diese *Quartiere* waren früher Soldaten untergebracht.

quell [kwel] *[kwell]* **unterdrücken, niederschlagen**; Bild: Man hat die Bevölkerung **unterdrückt** und den Menschen den Zugang zu den *Quellen* versagt.

question [kwestʃən] *[kwestschän]* **Frage**; Bild: Mit einer **Frage** kann man jemanden aus*que*(s)*tschen*.

question mark [kwestʃənmɑk] *[kwestschänmahk]* **Fragezeichen**; Bild: *Zwetschgenmark* (Pflaumenmus) auf einem Teller, in den man mit dem Finger ein **Fragezeichen** reinmalt.

quit [kwit] *[kwit]* **Kündigung**; Bild: Nachdem er eine *Quitt*e gestohlen hatte, kam prompt die **Kündigung**.

R

rabbit [ræbit] *[räbbit]* **Kaninchen**; Bild: **Kaninchen** vermehren sich *rapid*e.

race [reis] *[räis]* **Rennen, Wettlauf**; Bild: Der **Wettlauf** um den *Reis*sack ist sehr beliebt. An der Ziellinie gibt es *Reis*säcke.

racket [rækit] *[räkkit]* **Schläger** (Sport); Bild: Bei einem Tennisspiel schlägt jemand mit seinem **Schläger** auf. Statt des Balls benutzt er eine *Raket*e.

rain [rein] *[räin]* **Regen**; Bild: Wenn der **Regen** fällt, geh ich *rein*. Bild: Wenn der **Regen** fällt, überschwemmt er den *Rhein*.

ramble [ræmbl] *[rämbl]* **Einkaufsbummel**; Bild: Beim **Einkaufsbummel** *rempel*t mich jemand an.

random [rændəm] *[rändem]* **willkührlich, zufällig**; Bild: Der Hund *rennt dem* Hasen nur **zufällig** hinterher.

range [reindʒ] *[räindsch]* **Bereich, Raum**; Bild: Man hat einen großen abgegrenzten **Bereich**, in dem man *rang*ieren kann.

rank [ræŋk] *[ränk]* **Rang**; Tipp: It's nice to be a Preiß' (Preuße), it's higher to be a Bayer, but it's in the highest rank to be an Oberfrank.

rat [ræt] *[rätt]* **Ratte**; Bild: Die **Ratte** löst vor dem *Rat*haus ein *Rät*sel.

rate [reit] *[räit]* **Rate, Quote**; Bild: *Rate* mal, wie hoch die **Quote** ist.

rattle [rætl] *[rättl]* **Rassel**; Bild: Simon *Rattle* (Dirigent) dirigiert mit einer Baby-**Rassel**.

real [riəl] *[riäl]* **echt, wirklich, real**; Bild: Der *Real*schüler schwänzt die Schule und geht dafür in den *Real*-Markt. Er möchte wissen, wie die *Real*ität **wirklich** ist.

reason [rizn] *[rihsn]* **Grund**; Bild: Es gibt keinen **Grund**, vor den *Riesen* Angst zu haben.

recap [rikæp] *[rihkäp]* **Zusammenfassung**; Bild: In der *Reh-Kap*pe ist alles **zusammengefasst**.

recent [risnt] *[rihsnt]* **neueste(r)**; Bild: Die **neueste** Erscheinung des 5-Cent-Stückes (glänzt noch) zeigt ein Reh. Man spricht daher vom sogenannten *Reh-Cent*.

record [rekɔd] *[rekohd]* **Aufzeichnung, Aufnahme**; Bild: Den Welt*rekord* im Schwimmen habe ich mir mit einem *Rekord*er **aufgenommen**.

recover [rikʌvə^{r}] *[rikaffä]* **erholen (sich)**; Bild: Ich liege auf einem Liegestuhl und **erhole mich**. Neben mir ist ein geöffneter Koffer, in dem ein Reh liegt (*Reh-Koffer*) und sich auch erholt.

red [red] *[räd]* **rot**; Bild: Ein **rotes** B*rett*, ein **rotes** Bar*ret*.

refer (to) [rifɜ^{r}] *[reföhä]* **sich beziehen auf**; Bild: Der *Refer*ent **bezieht sich auf** wissenschaftliche Erkenntnisse.

refuse [refjuz] *[refjus]* **ablehnen**; Bild: Weil ein Reh mit seinen Hufen nicht zufrieden ist, beantragt es beim zuständigen Amt Füße, sogenannte »*Reh-Füß*e«. Der Beamte **lehnt** aber prinzipiell **ab** und knallt immer wieder den Stempel **»abgelehnt«** auf den Antrag.

regal [rigl] *[rihgl]* **königlich**; Bild: Die **Königin** von England steht vor einem leeren Bücher*regal* und isst einen Schoko*riegel*.

rehearsal [rihɜsl] *[rihöhsl]* **Orchesterprobe**; Bild: Das *Reh* im *Hörsaal* dirigiert immer wieder den Anfang von Beethovens 5. Symphonie. Ist wahrscheinlich eine **Orchesterprobe**. MH: Es gibt auch einen Fluss, der *Hörsel* heißt und in Thüringen liegt. Vielleicht trinkt ein *Reh* am Flussufer, und gegenüber **probt** ein **Orchester**.

relax [rilæks] *[riläks]* **entspannen**; Bild: Sich am Pool auf einer Liege **entspannen**, ein *Reh* links und ein *Lachs* rechts.

relief (from) [rilif] *[rilihf]* **Erleichterung (von)**; Bild: Das *Reh lief fromm* in den Wald, um dort **Erleichterung vom** Stress zu suchen.

remain [rimein] *[rimäin]* **übrig bleiben**; Bild: Das *Reh* am *Main* (säuft gerade am Ufer) ist bei der Jagd **übrig geblieben**, der Rest ist erlegt und liegt herum.

remind [rimaind] *[rimaind]* **erinnern**; Bild: Das *Reh meint* sich zu **erinnern**.

rent [rent] *[rent]* **mieten**; Bild: Ein *Rent*ner *rennt* mit Gehhilfe ins Autohaus und **mietet** sich einen Porsche.

Kuriose Reh-Geschichte

Das Reh **kommt** früher vom *Rehturn*en **zurück**. (*return*)
Denn das *Reh weiß* genau (*revise*), dass es den **Lernstoff** der Schule noch einmal **wiederholen** muss.
Daheim angekommen, **dreht sich** das Reh um 180 Grad vor dem Spiegel und bemerkt, dass es vorne *Reh* und hinten *Wolf* ist. (*revolve* = sich drehen)
Das *Reh wollt'* **rebellieren**. (*revolt*)
Aber das *Reh lief fromm* (*relief from*) davon (betende Hufe), um sich **Erleichterung von** diesem Schock zu verschaffen.
Das *Reh streun*te (*restrain*) im Wald herum und versuchte, seine Gefühle zu **bändigen**.
Denn das *Reh tat* (*retard*) alles, um nicht **geistig zurückzubleiben**.
Das *Reh pfeift* (*revive*), als es **wieder** einigermaßen **zu sich gekommen** ist.
Denn es hat eine Idee: Es geht zum **Einzelhändler** um die Ecke, denn der ist auch ein staatlich geprüfter *Rehteiler*. (*retailer*)
Er teilt das Reh und fragt, ob er ihm noch ein paar *Rehfüß*e (*refuse*) anmachen solle? Das Reh **lehnt ab**.
Das Reh bezahlt mit der **neuesten** Währung für Rehe: dem sogenannten Reh-Cent (*recent*).

require [rikwaiə^{r}] *[rikweiä]* **brauchen, benötigen**; Bild: Wozu **braucht** ein *Reh* a *G'wei* (Bayerisch für »Geweih«)?

restrain [ristreint] *[risträint]* **bändigen**; Bild: Das *Reh streun*t im Wald herum, um sich selbst zu **bändigen.**

rest room [restrum] *[restruhm]* **Toilette**; Bild: Die **Toilette** ist ein *Resteraum*, weil man dort seine Verdauungs*rest*e ablässt.

retailer [riteilə^{r}] *[ritäilä]* **Einzelhändler**; Bild: Der **Einzelhändler** ist nebenbei auch *Reh-Teiler* (er zerkleinert Rehe).

retard [ritɜn] *[ritahd]* **zurückbleiben**; Bild: Das *Reh tat* alles, um nicht geistig **zurückzubleiben.**

return [ritɜn] *[ritöhn]* **Rückkehr**; Bild: Sensation: Die **Rückkehr** der turnenden Rehe! (Die *Reh*e *turn*en tatsächlich wieder: machen Purzelbäume und ähnliche Sachen.)

revise [riwaiz] *[riwais]* **Lernstoff wiederholen**; Bild: Das *Reh weiß*, dass es den **Lernstoff wiederholen** muss.

revive [rivaiv] *[rivaiv]* **wieder zu sich kommen;** Bild: Das *Reh pfeift*, als es **wieder zu sich gekommen** ist.

revolt [rivəʊlt] *[riwoult]* **rebellieren**; Bild: Das *Reh wollt*e **rebellieren.**

revolve [riwɒlv] *[riwolf]* **sich drehen**; Bild: Beim *Revolv*er **dreht sich** die Trommel. Bild: Wenn **sich** das Reh **dreht**, dann ist es vorne *Reh* und hinten *Wolf.*

reward [riwɔd] *[riwohd]* **Belohnung**; Bild: Das *Reh wart*et auf seine **Belohnung**: Das Reh bekommt einen ganzen Sack voller Eicheln, muss aber in der Warteschlange warten.

ribbon [rib^{ə}n] *[ribben]* **Streifen, Geschenkband, Ordensband**; Bild: An den *Rippen* eines Skeletts sind **Streifen** und **Geschenkbänder** befestigt.

rice [rais] *[rais]* **Reis**; hört sich im Deutschen genauso an.

rick [rik] *[rik]* **Heuhaufen**; *Rick* aus »Casablanca« (Humphrey Bogart) sitzt auf einem **Heuhaufen** und raucht.

ridge [ridʒ] *[ritsch]* **Dachfirst**; Bild: Ein Dachdecker fotografiert mit einer Pocketkamera *ritsch*-ratsch-klick (Werbeslogan von Kodak) den **Dachfirst.**

rime [raim] *[raim]* **(Rau)Reif**; Bild: Ich kann mir auf **Reif** keinen *Reim* machen (– vielleicht steif oder greif ...).

ring [riŋ] *[ring]* **läuten, klingeln**; Bild: Ich **läute** mit einem Glöckchen, dessen Schlegel aus einem *Ring* besteht.

riot [raiət] *[raiet]* **Krawall, Aufstand, Randale**; Bild: Bei den **Krawallen** sind die meisten angetrunken. Jeder *reihert* (kotzt) dahin, wo er gerade steht.

rise [raiz] *[rais]* **aufsteigen, ansteigen, aufgehen**; Bild: Es **geht** ausnahmsweise heute nicht die Sonne **auf**, sondern ein riesiges *Reis*korn.

river [rivə^{r}] *[riwä]* **Fluss**; Bild: Der Mann bringt über den **Fluss** einen B*rief her*.

roar [rɔː^{r}] *[roah]* **brüllen, Gebrüll**; Bild: Der Löwe **brüllt** in ein Ofen*rohr* hinein.

rob [rɒb] *[rob]* **rauben, berauben**; Bild: Eine *Rob*be oder ein *Rob*oter **raubt** mir aus der Gesäßtasche meine Geldbörse.

robin [rɒbin] *[robbin]* **Rotkehlchen**; Bild: *Robin* Hood zielt mit seinem Bogen auf ein **Rotkehlchen**. (Achtung! Nicht verwechseln mit Hood = Kapuze)

rock [rɒk] *[rok]* **Felsen**; Bild: Unter ihrem *Rock* hat sie einen **Felsen** versteckt. Bild: Der *Rock* liegt zum Trocknen auf dem **Felsen**.

rocket [rɒkit] *[rokit]* **Rakete**; Bild: Die **Rakete** hat einen *Rock* an.

roll [rəʊl] *[roul]* **Brötchen**; Bild: Riesige **Brötchen** den Berg hinunter*rollen*.

rolling [rəʊliŋ] *[rouling]* **rollend**; Bild: Der **rollende** CD-*Rohling*.

Rolling Stones [rəʊliŋstəʊns] *[rouling stouns]* **rollende Steine**; Bild: Die *Rolling Stones* sind auf der Bühne und werden von riesigen **rollenden Steinen** plattgemacht.

rollmop(s) [rəʊlmɒp] *[roulmop]* **Rollmops**; kommt aus dem Deutschen.

roof [ruf] *[ruhf]* **Dach**; Bild: Jemand sitzt auf dem **Dach** und *ruft*.

room [rum] *[ruhm]* **Raum**; Bild: Im **Raum** he*rum*laufen.

rostrum [rɔstrəm] *[rostrum]* **Rednertribüne**; Bild: Eine **Rednertribüne**, die *Rost rum* hat (total verrostet ist – wahrscheinlich ein Designerstück).

rotten [rɒtn] *[rottn]* **verfault, modrig**; Bild: Im Komposthaufen ist alles **verfault** und ver*rottet*.

roughen [rʌf^{ə}n] *[raffen]* **aufrauen, rau werden**; Bild: Durch das stets begierige An-sich-*Raffen* (Geldberg auf dem Tisch) wurden die Unterarme **aufgeraut** und müssen eingecremt werden. Bild: Er wird es nie *raffen*, dass das Rauchen seinen Hals so **rau** macht.

rouse [rəʊz] *[rous]* **aufwecken**; Bild: Manchmal muss ich ihn mehrmals **aufwecken**, weil er nicht aus den Federn *raus*kommt.

row [rəʊ] *[rou]* **Streit, Auseinandersetzung**; Bild: Es gab einen **Streit** darüber, ob man das Steak *roh* essen soll oder nicht.

rucksack [rʌksæk] *[ruksäk]* **Rucksack**; kommt aus dem Deutschen.

rumor [rumə^{r}] *[ruhmä]* **Gerücht**; Bild: Es *rumor*t in der **Gerücht**eküche.

rush [rʌʃ] *[rasch]* **Andrang, Massenandrang**; Bild: *Rasch* war der **Andrang** groß.

rust [rʌst] *[rast]* **Rost**; Bild: Wer *rastet*, der **rostet**.

S

sable [seibl] *[saibl]* **Zobel**; Bild: Früher hat man mit einem *Säbel* den **Zobel** geköpft.

sack [sæk] *[säk]* **jemanden feuern**; Bild: Der *Sack* hat mich **gefeuert**.

sail [seil] *[säil]* **segeln**; Bild: Beim **Segeln** muss man viele *Seil*e bedienen.

salary [sæleri] *[sälleri]* **Gehalt**; Bild: Ich bekomme von meinem Arbeitgeber säckeweise *Sellerie* als **Gehalt**.

salary increase [sæleri iŋkris] *[sälleri inkrihs]* **Gehaltserhöhung**; Bild: Bei jeder **Gehaltserhöhung** gibt es in der Kantine *Sellerie in Grieß*. Auf die nächste Gehaltserhöhung wird dann freiwillig verzichtet.

salmon [sæmən] *[sämen]* **Lachs**; Bild: Ein Stück **Lachs**, auf dem die *Salmon*ellen tanzen. Bild: *Salman* Rushdie isst ein Stück **Lachs**.

sane [sein] *[sain]* **geistig gesund, vernünftig**; Bild: Ein Verrückter (vielleicht aus dem Film »Einer flog übers Kuckucksnest«) beschmiert sich mit Schlag*sahne* und schreit: »*Sein* oder Nicht-*Sein* ... (**geistig normal** oder nicht **geistig normal**).

saturday [sætədi] *[sätedi]* **Samstag**; Tipp: In England ist der **Samstag** nicht nach dem Sams (Romanfigur von Paul Maar) benannt, sondern nach dem Planeten *Satur*n (der Saturn mit den Ringen). Auf dem Saturn steht »Sa« für *saturday*.

sauerkraut [saʊəkraʊt] *[sauäkraut]* **Sauerkraut**; kommt aus dem Deutschen.

sausages [sɒsidʃis] *[sosidschis]* **Würste**; Bild: Der Bauer versucht der Sau das Sprechen beizubringen. Immer wieder fällt der Satz: »*Sau, sag es*!« Die Sau weiß nicht so recht, was sie tun soll, weil sie ja nichts versteht, und denkt: Will der Bauer jetzt gleich **Würste** aus mir machen?

scallop [skæləp] *[skälep]* **Kammmuschel**; Bild: Ich reite auf einer riesigen **Kammmuschel** (Jacobsmuschel = Shell-Logo (Marke)) *Galopp*.

scalp [skælp] *[skälp]* **Kopfhaut**; Bild: Mit einem *Skalp*ell in die **Kopfhaut** schneiden.

scent [sent] *[sent]* **Duft, Parfüm**; Bild: Du kaufst ein **Parfüm** und schüttest an der Kasse deinen letzten *Cent* auf den Tisch.

schadenfreude [ʃadnfrɔidə] *[schadenfroide]* **Schadenfreude**; kommt aus dem Deutschen.

school [skul] *[skuhl]* **Schule**; Bild: »**Schule** *is cool*!«-Graffiti.

science [saiəns] *[saiens]* **Naturwissenschaft**; Bild: Meins ist die Musik – und *Seins* ist die **Naturwissenschaft**.

science fiction [saiəns fikʃᵊn] *[saiens fiktschen]* **wissenschaftliche Dichtung** (wörtlich übersetzt); Bild: Astronauten haben Marsmännchen mit zur Erde genommen, um sie für **wissenschaftliche** Zwecke zu vermehren. »Hat sich dein Marsmännchen schon vermehrt?« »Nö, aber *seins f... schon.*«

scout [skaʊt] *[skaut]* **Pfadfinder**; Bild: Der **Pfadfinder** *kaut* auf einem Strohhalm herum.

scrabble [skræbl] *[skräbbl]* **herumwühlen**; Bild: Jemand sucht einen Stein vom *Scrabble*-Spiel und **wühlt** dabei in einer Kiste **herum**.

scream [skrim] *[skrihm]* **Schrei**; Tipp (Wortspiel): Alle **schreien**: »I *scream*, you scream: Everybody like ice-cream.«

sea gull [sigʌl] *[sihgal]* **Möwe**; Bild: Die **Möwe** sitzt auf einem *Segel* eines Segelboots und Steven *Seagal* (Schauspieler) segelt.

seal [sil] *[sihl]* **Seehund, Robbe**; Bild: Heidi Klum ist mit einem **Seehund** (*Seal*) verheiratet. Bild: Der **Seehund** sitzt auf einem *Silo*.

sealant [silənt] *[sihlent]* **Dichtungsmittel, Kitt**; Bild: Nachdem alle Ritzen mit **Kitt** abgedichtet wurden, herrschte eine wunderbare Stille (*Silent*ium).

secret [sikrit] *[sihkrit]* **geheim**; Bild: Schweiß ist ein *Sekret*. Unter den Achseln ist ein Schild angebracht: »Streng **geheim**«.

sect [sekt] *[sekt]* **Sekte**; Bild: **Sekten**mitglieder der Bhagwan-**Sekte** prosten sich mit *Sekt* zu.

see [si] *[sih]* **sehen**; Bild: Kannst du den *See* **sehen**? Mir tut mein Herz so weh, wenn ich im Glas den Boden *seh*.

seep [sip] *[sihp]* **durchsickern**; Bild: Durch das *Sieb* **sickert** das Nudelwasser **durch**.

seesaw [sisɔ] *[sihsoh]* **Wippe**; wörtlich übersetzt: **sehen-gesehen**. Bild: Man sitzt auf einer **Wippe** in einem Garten, der mit einer schön geschnittenen Hecke umgrenzt ist. Man schaukelt. Wenn man oben ist, kann man über die Hecke *sehen*. Wenn man unten ist, hat man es schon *gesehen*.

selection [silektʃn] *[silektschn]* **Auswahl**; Bild: Die Eis**auswahl** in der Eisdiele ist enorm. *Sie leckt schon* mal am Schokoladeneis.

sell [sel] *[sell]* **verkaufen**; Bild: Wir müssen das Karus*sell* **verkaufen**.

sense [sens] *[sens]* **Sinn**; Bild: Welchen **Sinn** hat der *Sens*enmann (Tod)?

sensible [sensibl] *[sensibl]* **vernünftig**; Bild: Jemand sagt: »*Sind Sie bl…*« Der andere unterbricht und sagt: »Ich bin überhaupt nicht blöd, ich bin sehr **vernünftig**!«

sensitive [sensitiv] *[sensitiv]* **einfühlsam, empfindsam, empfindlich**; Bild: *Seh'n Sie tief* in die Augen, erst dann sind Sie **einfühlsam**. (Schau mir in die Augen, Kleines!)

shade [ʃeid] *[schäid]* **Schatten**; Bild: *Schade*, dass man nicht über seinen **Schatten** springen kann.

sham [ʃæm] *[schäm]* **vorgetäuscht**; Bild: *Schäm* dich! Das war ja nur **vorgetäuscht**.

shame [ʃeim] *[schäim]* **Schande**; Bild: Ricky *Shayne* (Mamy Blue) zu hören, ist (k)eine **Schande**.

shard [ʃɑːd] *[schahd]* **Scherbe, Glassplitter**; Bild: Nachdem vom Teller nur noch **Scherben** übrig geblieben sind, war dieser definitiv *schad*haft.

share [ʃeə^r] *[scheä]* **teilen**; Bild: Mit der *Scher*(e) **teilen** wir den Geldschein.

sharp [ʃɑːp] *[schahb]* **scharf**; MH: Mit einem **scharf**en Messer jage ich die Küchen*schab*e. Bild: Mit einem **scharf**en Messer *schab'* ich die Karotten.

shave [ʃeiv] *[schäiv]* **rasieren**; Bild: Skurrile Vorstellung: »God *shave* the Queen« statt »God save the Queen«.

she [ʃi] *[schih]* **sie**; Bild: **Sie** fährt *Ski*.

sheen [ʃin] *[schihn]* **Glanz, Ausstrahlung**; Bild: Charlie *Sheen* (Schauspieler) hat **Ausstrahlung**.

sheep [ʃip] *[schihp]* **Schaf**; Bild: Ich *schieb* ein **Schaf** oder zwei **Schafe** (Mehrzahl auch sheep) auf die Weide.

sheer [ʃiə^r] *[schiä]* **Abgrund, Klippe**; Bild: Ireen *Sheer* (Schlagersängerin) springt mit *Skier*n über den **Abgrund** oder über die **Klippe**.

sheet [ʃit] *[schiht]* **Betttuch**; Bild: Auf dem **Betttuch** ist *Shit*. (Norddeutsch für Platt: »*shiit*«)

shell [ʃel] *[schell]* **Muschel**; Bild: Die **Muschel** bei der *Shell*-Tankstelle (Marke). Tipp: Shell wurde 1833 als Kuriositätengeschäft von Marcus Samuel gegründet. Ein Großteil seines Handels basierte auf dekorativen Muscheln.

shelter [ʃeltə^r] *[scheltä]* **schützen**; Bild: Die *Schelte* (= verbale Maßregelung) bekommt der Schutzengel ab, da er mich **beschützen** sollte und es nicht gemacht hat.

shepherd [ʃeped] *[scheppät]* **Schäfer**; Bild: Beim **Schäfer** *scheppert* das Essgeschirr beim Laufen.

shield [ʃiːld] *[schihld]* **Schutzschild, Wappenschild**; Bild: Um den Gegner auf dem Schlachtfeld zu verwirren, haben die Wikinger auf ihren **Schutzschild**ern einen Krieger, der *schielt,* gemalt.

shine [ʃain] *[schain]* **Glanz**; Bild: Der **Glanz** ist nur *Schein*. Bild: Nicht alles, was **glänzt**, ist Gold. (Es *schein*t nur so.)

shiver [ʃifə^r] *[schiwä]* **zittern**; Bild: Claudia *Schiffer* (Model) **zittert** am ganzen Körper. (Sie hat zu wenig gegessen.)

shoe [ʃu] *[schuh]* **Schuh**; hört sich im Deutschen genauso an.

shoo [ʃu] *[schuh]* **verscheuchen**; Bild: Mit dem *Schuh* eine Katze **verscheuchen**. Ihr den *Schuh* hinterherwerfen.

should [ʃʊd] *[schud]* **sollte**; Bild: »*Schutt* abladen verboten!« Eigentlich **sollte** da kein *Schutt* herumliegen.

shove [ʃʌv] *[schof]* **Ruck, Schubs**; Bild: Roman Herzog: »Es muss ein *Schaf* (**Ruck**) durch Deutschland gehen.«

show [ʃəʊ] *[schou]* **Demonstration, Schau**; Bild: **Schau**, den *Schuh* in der *Show* hab' ich auch.

shower [ʃaʊə^{r}] *[schauä]* **Dusche**; Bild: Wenn man unter der **Dusche** steht, wird man genauso nass, als wäre man in einen *Schauer* gekommen.

shrine [ʃrain] *[schrain]* **Heiligtum, Schrein**; Bild: Für den *Schrein*er ist seine Werkstatt sein **Heiligtum**.

shuttle [ʃʌtl] *[schattl]* **pendeln**; Bild: Hin- und Her*schütteln* = **pendeln** (Uhrenpendel), z.B. *Shuttle*-Bus, Space*shuttle*.

shy [ʃai] *[schai]* **schüchtern, scheu**; Bild: Das Reh ist *scheu* (**schüchtern**).

sick [sik] *[sik]* **krank**; Bild: Klass*ik* macht **krank**.

sidle [saidl] *[saidl]* **schleichen, anschleichen**; Bild: Die Bedienung **schleicht** sich mit einem *Seidel* Bier **an**.

sight [sait] *[sait]* **Sehkraft**; Bild: *Seit* gestern hat meine **Sehkraft** nachgelassen.

sightly [saitli] *[saitli]* **ansehnlich**; Bild: *Seitl*ich betrachtet ist sie ganz **ansehnlich**.

silent [sailənd] *[sailent]* **ruhig, geräuschlos**; Bild: Als man das *Seilende* ansah, waren alle plötzlich ganz **ruhig**.

silk [silk] *[silk]* **Seide**; Bild: *Silk*e (jeder kennt eine) hat etwas aus **Seide** an.

silly [sili] *[sili]* **dumm, albern**; Bild: *Sili*konbrüste find' ich **albern**.

silver [silvə^{r}] *[silvä]* **Silber**; Bild: Zu *Silve*ster werden **Silber**münzen verschenkt.

simian [ʒimiən] *[simiän]* **Affe, affenartig**; Bild: »*Seh' mi an*! Seh' ich wirklich **affenartig** aus?«

sin [sin] *[sinn]* **Sünde**; Bild: Die Schlange als Symbol für die Sünde wird gefragt: Welchen *Sinn* hat die **Sünde**?

sine [sain] *[sain]* **Sinus**; Bild: Für den Mathematiker ist der **Sinus** eine elementare mathematische Funktion. Daher sein Leitsatz: »*Sine* oder Nicht-*Sein*.«

sinful [sinf^{ə}l] *[sinful]* **sündhaft, sündig**; Bild: Ist es *sinnvoll*, ein **sündiges** Leben zu führen?

single-figure [siŋlfigə^{r}] *[singlfiggä]* **einstellig**; Bild: **Ein Stelldich**ein mit dem *Single-Ficker*.

sinus [sainəs] *[saines]* **Nasennebenhöhle**; Bild: Typisches Anzeichen *seines* Schnupfens ist immer auch eine vereiterte **Nasennebenhöhlenentzündung.**

sip [sip] *[sip]* **nippen, Schlückchen**; Bild: Alle aus der *Sipp*schaft **nippen** am Rest des Wassers.

sissy [sisi] *[sissi]* **Weichling, Waschlappen**; Bild: *Sissi* war mit einem **Weichling** verheiratet.

sister [sistə^r] *[sistä]* **Schwester**; Bild: Der (Kontra)bass*ist er*schlägt mit dem (Kontra)bass seine **Schwester.**

sitter [sitə^r] *[sitä]* **Modell (für Porträts)**; Bild: Das **Modell** ist kaum bekleidet. Daraufhin weigert sich der Maler, es zu malen, und ruft die *Sitte*npolizei.

skate [skeit] *[skäit]* **Schlittschuh**; Bild: Eine *Skat*runde spielt um einen **Schlittschuh** von Katarina Witt.

skin [skin] *[skinn]* **Haut, Fell**; Bild: Mit heißem Bi*skin* (Marke: Bratfett) sich die **Haut** verbrennen.

skull [skʌl] *[skall]* **Schädel**; Bild: Der **Schädel** i*s' kahl.*

slacken [slæk^{ə}n] *[släcken]* **lockerlassen, lockern**; Bild: Erst musst du total **lockerlassen** und dann kannst du ein *Eis lecken.*

slap [slæp] *[släpp]* **Schlag, Klaps**; Bild: Mit meinem *Schlap*pen er**schlage** ich eine Fliege.

sleaze [sli:z] *[slihs]* **schmieriger Typ**; Bild: Der **schmierige Typ** *schließ*t die Tür ab.

slim [slim] *[slim]* **dünn, schmal**; Bild: Ist es nicht *s(ch)limm*, wenn man so **dünn** ist?

slimmer [slimə^r] *[slimä]* **Person, die eine Diät macht**; Bild: Noch *s(ch)limmer* ist eine **Person, die eine Diät macht.**

sling [sliŋ] *[sling]* **rauswerfen**; Bild: Der Türsteher einer Disco legt den Leuten, die er **rauswirft** (rausschmeißt), eine *Schling*e um den Hals.

slip [slip] *[slip]* **ausrutschen, ausgleiten**; Bild: Jemand ist auf einem *Slip* **ausgerutscht.**

slot [slɒt] *[slott]* **Schlitz, Geldschlitz**; Bild: Jemand hat in den Geldeinwurf**schlitz** des Kaffeeautomaten einen alten *Złot*y reingeworfen. Ging trotzdem nicht. Daher hat er mit dem Fuß nachgeholfen. Bild: Der *S(ch)lot* ist der eigentliche **Geldschlitz.**

slough[1] [slaʊ] *[slau]* **Sumpf, Sumpfloch**; Bild: Der *Schlau*e (Wickie) versinkt im **Sumpf.**

slough[2] [slʌf] *[slaf]* **sich häuten**; Bild: Im *S(ch)laf* **häutet sich** die Schlange.

sloven [slʌvᵊn] *[slafen]* **ungepflegte Person**; Bild: Neben einer **ungepflegten Person** zu *s(ch)lafen,* ist nicht schön.

slumber [slʌmbəʳ] *[slambä]* **schlummern, Schlummer**; Bild: Mit dem *Schlamper*mäppchen ein**schlummern**.

smacker [smækᵊr] *[smäkä]* **lauter Kuss, Schmatz(er)**; Bild: Lecker-*S(ch)mecker*, der **Schmatz** war super.

small [smɔl] *[smohl]* **klein**; Bild: *Schmal* und **klein**.

smart [smɑt] *[smaht]* **pfiffig, schlau**; Bild: Wer einen *Smart* (Marke) fährt und vielleicht noch *Smart*ies (Marke) dazu isst, der ist besonders **pfiffig** (pfeift also) und **schlau**.

smear [smiəʳ] *[smir]* **beschmieren, Fleck**; Bild: Mit der *Schmiere* für die Fahrradkette **beschmiere** ich meine Hose und mach mir noch einen extra **Fleck** drauf.

snail [sneil] *[snäil]* **Schnecke**; Bild: Eine **Schnecke** ist nicht besonders s(ch)*nell*. (Wird mit der Stoppuhr gestoppt.)

snake [sneik] *[snäik]* **Schlange**; Bild: Die **Schlange** frisst eine *S*(ch)*nake*.

snappy [snæpi] *[snäppi]* **bissig**; Bild: S(ch)ni, S(ch)na, *S*(ch)*nappi*. Das Krokodil ist ganz schön **bissig**.

sni(ck)gger [snigəʳ] *[snickä]* **kichern**; Bild: **Kichern**d schiebt sich das Kind einen *Snickers*-Riegel (Marke) in den Mund.

snoop [snuːp] *[snuhp]* **herumschnüffeln**; Bild: *Snoop*y (Peanuts) macht den ganzen Tag nichts anderes als **herumzuschnüffeln**.

snore [snɔːʳ] *[snohä]* **schnarchen**; Bild: *Snor*re (von Wickie) **schnarcht**.

soap [səʊp] *[soup]* **Seife**; Bild: Wer **Seife** benutzt, wird *saub*er.

sober [səʊbəʳ] *[soubä]* **nüchtern, sachlich**; Bild: »Bleib *sauber*« heißt so viel wie »bleib **nüchtern**«.

soil [sɔil] *[soil]* **Erd(boden)**; Bild: Das Wild*soil*e (Wildschweinchen) wühlt im **Erdboden**.

solve [sɒlv] *[solv]* **lösen (Rätsel)**; Bild: Jemand **löst** ein **Rätsel** in einer Zeitschrift. Es kommt ein Römer vorbei und grüßt mit »*Salv*e«.

son [sʌn] *[sann]* **Sohn**; Bild: Der **Sohn** spielt im *San*dkasten.

soon [sun] *[suhn]* **bald**; Bild: Der Mon*sun* kommt **bald**.

sound [saʊnd] *[saund]* **Klang**; Bild: Der *Sauhund* (Hund mit Saukopf = Schweinehund) prüft den **Klang**. (Der Hund hält dafür seinen Kopf in den Schalltrichter eines Grammophons.)

sour [saʊəʳ] *[sauä]* **sauer**; hört sich im Deutschen genauso an. Bild: **Sauer**braten ist also ein Braten, bei dem sich das *Saure* verbreitert = »*sour broaden*«! Vgl. »broaden«.

source [sɔs] *[sohs]* **Quelle, Ursprung**; Bild: Ein Teller »Kloß mit *Soß'*«, mit einer *Soße*, die nie versiegt. Im Teller scheint eine Soßen**quelle** zu sein.

souse [sɔs] *[sohs]* **übergießen**; Bild: Wir leben in »*Saus* und Braus« und **übergießen** uns mit Champagner.

spa [spa] *[spah]* **Kurort**; Bild: *S*okrates, *P*laton, *A*ristoteles philosophieren an einem **Kurort**. Bild: Die *Spa*rkasse im **Kurort**.

spade [speid] *[späid]* **Spaten**; Bild: *Spät* am Abend geht er noch mit einem **Spaten** in den Garten.

spanner [spænəʳ] *[spännä]* **Schraubenschlüssel**; Bild: Ein *Spanner* guckt durchs Schlüsselloch und dreht mit einem **Schraubenschlüssel** am Türgriff rum.

spar [spaʳ] *[spahr]* **Rundholz**; Bild: In einem *SPAR*-Supermarkt versucht jemand, ein **Rundholz** zu kaufen.

sparkle [spakl] *[spakl]* **funkeln, glitzern**; Bild: Der *Spargel* **glitzert** und **funkelt**, wenn man ihn frisch erntet.

spare [speəʳ] *[speä]* **übrig haben**; Bild: *Spare* in der Zeit, dann **hast** du (in der Not) mehr **übrig**.

spares [speəʳs] *[speäs]* **Ersatzteil**; Bild: Wenn man sorgsam damit umgeht, kann man sich das **Ersatzteil** *spare*n. Bild: Im **Ersatzteil**lager mache ich meine *Späß*chen.

sparrow [spærəʊ] *[spärrou]* **Spatz, Sperling**; Bild: Der **Spatz** baut sein Nest *aus Sperrho*lz. Bild: Captain Jack *Sparrow* (aus: »Fluch der Karibik«) ist ein Dreck**spatz**.

sparse [spa:s] *[spahs]* **karg, dürftig, spärlich**; Bild: Der *Spaß* war sehr **dürftig**.

speaker [spikəʳ] *[spihkä]* **Redner, Lautsprecher**; Bild: Der **Redner** wird mit einem *Spicker* beworfen. Bild: Der **Redner** liest von einem *Spicker* (Spickzettel) ab.

speck [spek] *[spek]* **Fleck**; Bild: Der **Fleck** wird mit *Speck* eingerieben.

speed [spid] *[spihd]* **Geschwindigkeit**; Bild: *Speedy* Gonzales ist die schnellste Maus (mit der höchsten **Geschwindigkeit**) von Mexiko.

spell [spel] *[spell]* **buchstabieren**; Tipp: »*s.p.e.l.l.* zu **buchstabieren**, geht recht schnell.«

spend [spend] *[spend]* **ausgeben**; Bild: Geld **ausgeben**, aber nicht *spend*en.

spiced [spaɪsd] *[spaisd]* **gewürzt**; Bild: Du *speist* nicht viel, weil ich leider zu stark **gewürzt** habe.

spicy [spaɪsi] *[spaisi]* **würzig**; Bild: Die *Speise* schmeckt **würzig**.

spider [spaidəʳ] *[spaidä]* **Spinne**; Bild: Die **Spinne** i*s bei der* Frau im Bett oder vielleicht auch der *Spider*man. Bild: Immer wenn die **Spinne** vorbeiläuft, *speit der* Drache Feuer.

spill [spil] *[spill]* **verschütten**; Bild: Beim *Spiel*en hat das Kind die Limo **verschüttet**.

spin [spin] *[spin]* **Drehung, sich drehen**; Bild: Die *Spinn*e *spinn*t und macht eine **Drehung**.

spire [spaiəʳ] *[spaiä]* **Turmspitze**; Bild: Ein *Speier* speit von der Kirch**turmspitze** (Speyerer Dom).

splendid [splendid] *[splendid]* **glänzend, prächtig**; Bild: Der Schmuck ist so **prächtig** und **glänzend**, dass er sogar *blendet*.

split [split] *[split]* **spalten (sich), aufteilen, zerreißen**; Bild: Mit einem Glas*splitt*er ein Stück Stoff anritzen, um es dann zu **zerreißen**.

spoil [spɔil] *[spoil]* **verderben**; Bild: Der Front*spoil*er eines aufgemotzten Autos **verdirbt** (Schimmel wie beim Brot).

sponge [spʌndʒ] *[spondsch]* **Schwamm**; Bild: *Sponge*Bob ist ein **Schwamm**.

spot [spɒt] *[spott]* **Fleck, Pickel**; Bild: Jemand hat sich mit Tomatensoße seine Bluse beschmutzt. Ein großer roter **Fleck**. Wer den Fleck (oder den **Pickel**) hat, braucht für den *Spot*t nicht zu sorgen.

spotted [spɒtid] *[spottid]* **gefleckt**; Bild: Über dein **gefleckt**es Gesicht wird nur ge*spottet*.

spree [spri] *[sprih]* **Großeinkauf**; Bild: **Großeinkauf** in Berlin am *Spree*ufer.

spring [spriŋ] *[spring]* **Frühling**; Bild: Im **Frühling** werden die *Spring*brunnen wieder eingeschaltet.

sprite [sprait] *[sprait]* **Kobold**; Bild: Der **Kobold** (vielleicht Pumuckl) trinkt eine *Sprite*-Limo (Marke).

spritzer [spritsə^{r}] *[spritzä]* **Schorle**; Bild: Jemand bekommt einen *Spritzer* Apfel**schorle** ab.

spruce [sprus] *[spruhs]* **Fichte**; Bild: *Bruce* Springsteen sitzt auf einer **Fichte** und singt »Born in the USA«.

spy [spai] *[spai]* **Spion**; Bild: Ein **Spion** mit einer Mikrokamera, hochgeklapptem Kragen und Sonnenbrille *speit* (kotzt) im *Spey*erer Dom.

square [skweə^{r}] *[skweä]* **Quadrat**; Bild: *(S)Quer* über ein **quadrat**isches Feld gehen.

squash [skwɒʃ] *[skwosch]* **Kürbis (Zierkürbis)**; Bild: Mit einem **Zierkürbis** *Squash* spielen.

squeeze [skwiz] *[skwihs]* **quetschen, drücken**; Bild: Das *Quiz* im Fernsehen ist dazu da, den Kandidaten auszu**quetschen** (– den Kopf wie eine Ketchupflasche).

squirrel [skwirəl] *[skwirrel]* **Eichhörnchen**; Bild: Das **Eichhörnchen** hat einen *Quirl*. Es *quirrlt*!

stab [stæb] *[stäb]* **stechen**; Bild: Mit chinesischen Ess*stäb*chen jemanden in den Po **stechen**.

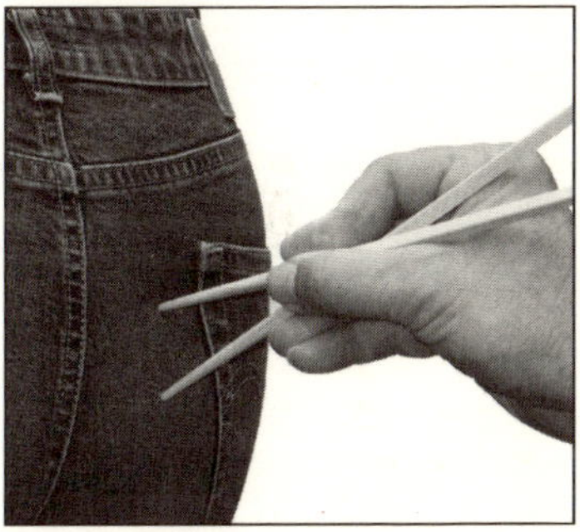

stable [steibl] *[stäibl]* **Stall**; Bild: Die Hühner sind im Hühner**stall** ge*stapel*t (Massentierhaltung), nachdem sie in den **Stall** gebracht worden sind.

stack [stæk] *[stäk]* **Stapel**; Bild: Auf einem Zeitungs**stapel** liegt ein Stecker für die *Steck*dose.

stain [stein] *[stäin]* **Fleck**; Bild: Es gibt *Steine*, die haben **Flecken**.

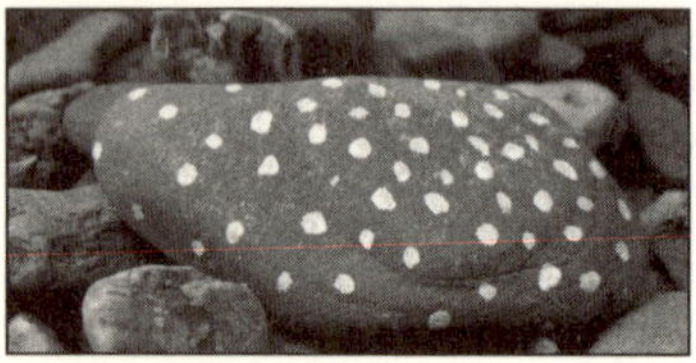

stake [steik] *[stäik]* **Pfahl, Marterpfahl**; Bild: Auf einem **Pfahl** ist ein *Steak* (*stake*) aufgespießt.

stamp [stæmp] *[stämp]* **Briefmarke**; Bild: Die **Briefmarke** bekommt gerade einen *Stämp*el aufgedrückt (Stempel wird natürlich im deutschen mit »e« statt »ä« geschrieben.

stapler [steiplə^r] *[stäiplä]* **Hefter**; Bild: Mit einem Gabel*stapler* werden Blätter zusammenge**heftet**. (»Wetten dass, ...?«-Wette)

star [stɑ^r] *[stah]* **Stern**; Bild: Ein *Star* pickt an einem **Stern** herum, der im Garten liegt und noch leuchtet.

startle [stɑtl] *[stahtl]* **erschrecken**; Bild: Beim *Start*schuss **erschrickt** man durch die laute Pistole.

steady [stedi] *[steddi]* **ruhig**; Bild: »Auf die Plätze, fertig (**ruhig**), los!« heißt »ready, *steady,* go!« Stehen die Läufer auch wirklich **ruhig** am Start?

steel [stil] *[stihl]* **Stahl**; Bild: Der **Stahl**kocher hat beim Abstich einen langen *Stiel* an seinem Löffel.

steer [stiə^r] *[stiä]* **steuern, lenken**; Bild: Ein *Stier* sitzt im Auto und **lenkt** (heftig nach links und rechts).

stern [stɜːn] *[stöhn]* **Heck**; Bild: Es gibt Mercedes-Modelle, bei denen der *Stern* nicht vorne ist, sondern am **Heck**.

steward [stjuəd] *[stjuahd]* **Kellner**; Bild: James *Stewart* (Schauspieler) als **Kellner**.

stick [stik] *[stik]* **Stock**; Bild: Mit einem Spazier**stock** Salz*sticks* vom Boden aufheben. Gelingt sowieso nicht.

stiff [stif] *[stif]* **Leiche**; Bild: Die Obduktion der **Leiche** ergab, dass mehrere Blei*stift*stiche zum Tode führten.

stile [stail] *[stail]* **Pfosten**; Bild: Der **Pfosten** ragt *steil* noch oben.

still[1] [stil] *[still]* **immer noch**; Bild: Das drei Jahre alte Baby muss **immer noch** ge*still*t werden.

still[2] [stil] *[still]* **Brennerei**; Bild: Die **Brennerei** ist *still*gelegt.

stilt [stilt] *[stillt]* **Stelzen**; Bild: Auf **Stelzen** *stillt* die Mutter ihr Kind.

sting [stiŋ] *[sting]* **Stich**; Bild: Der Sänger *Sting* heißt deswegen so, weil er sich früher immer ein braun-gelb gestreiftes T-Shirt anzog und damit wie eine Biene aussah. Und Bienen **stechen** bekanntlich.

stir [stɜr]] *[stöhä]* **umrühren**; Bild: Die Eier vom *Stör* (Kaviar) **umrühren**. Bild: Der *Stier* liegt auf der Wiese und **rührt** mit einem Strohhalm seinen Cocktail **um**.

stock[1] [stɒk] *[stok]* **Brühe**; Bild: Mit einem *Stock* die **Brühe** umrühren.

stock[2] [stɒk] *[stok]* **Vorrat**; Bild: Ein Wanderer trägt seinen gesamten **Vorrat** an einem *Stock* über seiner Schulter.

stocking [stɒkiŋ] *[stoking]* **Strumpf**; Bild: Einem Spazier*stock* einen **Strumpf** anziehen. Bild: Pippi Langstrumpf heißt auf Englisch Pippi Long*stocking*.

stockist [stɒkistŋ] *[stokist]* **Fachhändler**; Bild: Der **Fachhändler** bietet verschiedene Stöcke aus unterschiedlichem Material an: »Der *Stock ist* aus ...«

stoker [stəʊkər] *[stoukä]* **Heizer**; Bild: Bram *Stoker* (Autor von »Dracula«) ist der Ver**heizer** seines eigenen Buches »Dracula«.

stool [stu:l] *[stuhl]* **Klavierhocker, Hocker**; Bild: Auf einen **Klavierhocker** hat man noch einen *Stuhl* gestellt.

stork [stɔ:k] *[stohk]* **Storch**; Bild: Der **Storch** bringt die *Storck*-Bonbons (Marke). Bild: Der **Storch** ist *stark*.

stout [staʊt] *[staut]* **beleibt**; Bild: Eine **beleibte** Frau steht im *Stau*. Bild:

Ist jemand **beleibt**, dann hat sich das Fett ge*staut*.

stove [stəʊv] *[stouv]* **Ofen, Herd**; Bild: Den *St*ein*ofen* (in dem manchmal Pizzen gebacken werden) als **Herd** nutzen. Bild: Wer das *Stöv*chen kennt, kann sich vielleicht dieses als **Herd**platte vorstellen.

strait [streit] *[sträit]* **Meerenge**; MH: Dire *Strait*s spielen in einer **Meerenge**.

strand [strænd] *[stränd]* **Faden**; Bild: Am *Strand* spazieren gehen und über einen gespannten **Faden** stolpern.

strap [stræp] *[sträp]* **Riemen**; Bild: *Strap*se haben **Riemen**.

strawberry [strɔbri] *[strohbärri]* **Erdbeere**; Bild: wörtlich übersetzt: *Strohbeere*. Die **Erdbeeren** wachsen auf *Stroh*.

streaker [striːkəʳ] *[strihkä]* **Flitzer, nackter Läufer**; Bild: Der **Flitzer** rennt übers Spielfeld und strickt sich dabei eine Unterhose. Daher: *Stricker*!

strife [straif] *[straif]* **Streit, Zwist, Kampf**; Bild: Nach dem **Streit** sah man wieder einen Silber*streif* am Horizont.

strike [straik] *[straik]* **schlagen, stoßen**; Bild: Bei einem *Streik* wird manchmal auch **geschlagen** und **gestoßen**.

strum [strʌm] *[stram]* **herumzupfen, herumklimpern**; Bild: Am *Stramm*en Max (das ist etwas Essbares) **herumzupfen**.

study [stʌdi] *[staddi]* **studieren**; Bild: Viele sitzen in einem Fußball*stadi*on und **studieren**.

stuff [stʌf] *[staff]* **Zeug**; Bild: An einer *Staff*elei hängt so mancherlei **Zeugs** (ein Feuer**zeug**, ein Flug**zeug** und Spiel**zeug**).

stunned [stʌnd] *[stand]* **fassungslos, sprachlos**; Bild: Er ist aus dem *Stand* gesprungen (Weitsprung) und hat sich am Kopf verletzt. Er ist wie **fassungslos**. (Schüttelt sich und reibt sich die Augen). Bild: Sie *stand* da und ich war **sprachlos**.

sturgeon [stɜːdʒᵊn] *[stöhtschön]* **Stör**; Bild: Der **Stör** *stört schon* beim Schwimmen.

style [stail] *[stail]* **Stil**; Bild: Auch ein Skifahrer möchte am *Steil*hang **Stil** zeigen.

stylist [stailist] *[stailist]* **Designer**; Bild: *Steil ist* die Karriere des **Designers**.

such [sʌtʃ] *[satsch]* **solche(r, s)**; Bild: Bitte *such* mir **solche**.

subplot [sʌbplɒt] *[sabplot]* **Nebenhandlung**; Bild: *Sap*per*lot*! Die **Nebenhandlung** ist ja viel besser!

success [sək'sɛs] *[saksess]* **Erfolg**; Bild: Der *Sack sieht* den **Erfolg** als Erster.

suck [sʌk] *[sak]* **saugen**; Bild: In einem *Sack* steckt ein Strohhalm, an dem jemand ganz intensiv **saugt**.

sucker [sʌkəʳ] *[sakä]* **Lutscher, Einfaltspinsel**; Bild: Der **Einfaltspinsel** möchte als Ab*sacker* (= das letzte Getränk vor dem Heimgehen) eine **Lutscher**bowle.

sudden [sʌdᵊn] *[sadden]* **plötzlich, unvermittelt**; Bild: Einen *satten* Menschen **plötzlich** zum Sporttreiben zu bewegen, ist schwierig.

sue [su:] *[suh]* **verklagen**; Bild: *Sue* Ellen (Filmfigur aus »Dallas«) oder »Peggy *Sue«* (Song von Buddy Holly) sollte man **verklagen**.

suffer [sʌfəʳ] *[saffä]* **leiden**; Bild: Am *Suff* **leiden**.

sulk [sʌlki] *[salki]* **schmollen, eingeschnappt (sein)**; Bild: Ein Vater setzt sein Kind vor dem Pferderennen auf einen *Sulk*y (= Sitz beim Trabrennen). Das Kind mag aber nicht und **schmollt**.

sump [sʌmp] *[samp]* **Sumpf**; Bild: Das »f« von **Sumpf** ist schon untergegangen: *sump*.

sun [sʌn] *[san]* **Sonne**; Bild: **Sonne** und *San*d – der ideale Urlaub.

supper [sʌpəʳ] *[sappä]* **Abendessen**; Bild: **Abendessen** (Brotzeit) mit *Suppe*. Bild: Beim **Abendessen** wird ge*sapper*t.

supply [səplai] *[seplai]* **liefern, bereitstellen**; Bild: *Su*per ver*blei*t (Benzin an der Tankstelle) wird nicht mehr **geliefert**.

support [səpɔt] *[sepoht]* **unterstützen**; Bild: Mit dem *sup*er *Porto* (Wohlfahrtsmarke) **unterstützen** Sie die Tiere in Afrika.

suppose [səpəʊz] *[sepous]* **annehmen, vermuten**; Bild: Wer solche *sup*er *Posen* macht (Bodybuilder), der ist **vermutlich** gedopt.

surf [səf] *[söhf]* **Brandung**; Bild: Mit dem *Surf*brett in der **Brandung** surfen.

surface [sɜ:fis] *[söhfis]* **Oberfläche**; Bild: Auf der Wasser**oberfläche** lief der *Service* mit dem Tablett zum Boot.

swede [swid] *[swihd]* **Kohlrübe, Steckrübe**; Bild: Ein *Schwede* (Lars Gustafsson) zieht im Garten an einer **Steckrübe**.

swindle [swindl] *[swindl]* **Betrug, Beschiss, Schwindel**; Bild: Die *S-Windel* ist nicht so saugfähig wie die XXL-Windel. Das ist absoluter **Beschiss**.

T

table [teibl] *[täibl]* **Tisch**; Bild: Auf dem **Tisch** steht ein *Table*tt.

tack [tæk] *[täk]* **Reißzwecke, kurzer Nagel**; Bild: Auf dem *Deck* eines Schiffes *tack*ert der Kapitän **Reißzwecken** in den Boden (oder sind es Tick-*Tacks*?) Bild: Auf *Deck* bin ich in einen **Reißnagel** getreten.

tackle [tækl] *[täkl]* **Ausrüstung**; Bild: Die Angler**ausrüstung** befindet sich in einem Kunststoffbehälter mit *Deckel*.

tag [tæg] *[täg]* **etikettieren, Etikett, Anhängerschild**; Bild: *Tag* für *Tag* muss die Angestellte im Supermarkt Waren **etikettieren**. Bild: An einem Schlüssel hängt ein **Anhängerschild**, auf dem der jeweilige *Tag* angezeigt wird (wie bei einem *Tag*eskalender).

tailor [teilə^r] *[täilä]* **Schneider**; Bild: Ein Bruch hat oben den Zähler und unten den *Teiler*. Statt dem *Teiler* sitzt da ein **Schneider** im Schneidersitz mit Nadel und Faden.

take [təik] *[täik]* **nehmen**; Bild: Die Uhr macht »ticke, *tacke* ...« Deshalb **nehme** ich sie von der Wand.

tangle [tæŋl] *[tängl]* **Knäuel, Gewirr, Durcheinander**; Bild: Tingel*tangel*-Darbietungen sind meist ein wildes **Durcheinander**. Bild: Im *Tengel*mann kauft ein Kunde ein Woll**knäuel**. Bild: Die Zuschauer verursachten ein dicht gedrängtes **Gewirr**, da sie alle dem Bauern beim *Dengel*n der Sichel zuschauen wollten.

tape [teip] *[täip]* **Band, Klebeband**; Bild: Die *Tap*ete ist an ihren Kanten mit einem **Klebeband** zugeklebt.

tare [teə^{r}] *[teä]* **Leergewicht**; Bild: Der Lkw für *Teer*transporte hat ein **Leergewicht** von 4 Tonnen (= *Tara* = Verpackungsgewicht).

tarn [tan] *[tahn]* **Bergsee**; Bild: Er fand die *Tarn*kappe am Ufer eines **Bergsees**.

tart[1] [tat] *[taht]* **Törtchen**; Bild: Nach getaner *Tat* gibt's immer ein kleines (Obst-)**Törtchen**.

tart[2] [tat] *[taht]* **Schlampe, Nutte**; Bild: Beim *Tat*ort fand man die **Nutte** erschossen auf.

tartan [tat^{ə}n] *[tahten]* **Schottenkaro, Schottenstoff**; Bild: Die rühmlichen *Taten* der Schotten kann man aus den Mustern der **Schottenkaros** herauslesen.

taste [teist] *[täist]* **schmecken, probieren**; Bild: An einer Klavier*taste* mit der Zunge **schmecken**.

tatter [tæt^{ə}r] *[tättä]* **Fetzen, Lumpen**; Bild: Der *Täter* hatte auf der Flucht nur ein paar Kleidungs**fetzen** an.

tax [tæks] *[täks]* **Steuern**; Bild: Ein *Tax*i fährt mein **Steuer**geld zum Finanzamt.

team [tim] *[tihm]* **Arbeitsgemeinschaft**; Tipp: Mannschaft: T.e.a.m. = *T*oll, *e*in *a*nderer *m*acht's.

tear [tiə^{r}] *[tihä]* **Träne**; Bild: Sein Lieblings*tier* ist gestorben. Daher weint das Kind eine große, dicke **Träne**.

teenager [tineigə^{r}] *[tihnäitschä]* **Jugendlicher**; Bild: Ein **Jugendlicher** (Hip-Hopper) nagt an einem Teebeutel (*Tee-Nager*).

television [telıvıʒn] *[telewischn]* **Fernsehen**; Bild: Im **Fernsehen** sieht man jemanden einen *Teller wischen*.

tell [tel] *[tell]* **sagen**; Bild: Ich **sage** ihm, dass der *Tell*er zerbrochen ist.

teller [telə^r] *[tellä]* **Erzähler**; Bild: Ein Märchen**erzähler** sitzt auf einem großen *Teller*.

temple [templ] *[templ]* **Schläfe, Tempel**; Bild: An den **Schläfen** wachsen kleine *Tempel*.

tender [tendə^r] *[tendä]* **zart, weich**; Bild: Lila-*Tender* (Marke) ist ein ziemlich **weich**er Schokoriegel.

terrain [tərein] *[teräin]* **Gelände**; Bild: Benjamin Blümchen (Hörspiel- und Zeichentrickfigur) lebt auf dem Elefanten**gelände** und trötet sein bekanntes »*teräää*«.

thatch [ætʃ] *[dätsch]* **Reetdach**; Bild: Margaret *Thatch*er (Politikerin) sitzt auf einem **Reetdach**.

tie [tai] *[tai]* **Krawatte**; Bild: Der *thai*ländische Kellner bringt eine Suppe, in der gerade seine **Krawatte** drinhängt.

tier [tiə^r] *[tiä]* **Lage, Reihe, Sitzreihe**; Bild: Ein langes, schlangenähnliches *Tier* besetzt eine komplette **Sitzreihe** im Kino.

tiger [taigə^r] *[taigä]* **Tiger**; Bild: Der **Tiger** hat den *Teig er*funden.

tile [tail] *[tail]* **Kachel**; Bild: Ein *Teil* einer **Kachel** ist abgebrochen.

till [til] *[till]* **bis**; Bild: Ich esse *Dill*, **bis** mir schlecht ist.

tin [tin] *[tinn]* **Dose**; Bild: Jemand schaut in eine **Dose**, und es ist nix *din* (Kindersprache).

tinkle [tiŋkl] *[tinkl]* **klingeln**; Bild: Immer, wenn der Bäcker **klingelt**, gibt es frisches *Dinkel*brot.

tint [tint] *[tint]* **Tönung, (Haare) tönen**; Bild: Mit *Tint*e die **Haare tönen**.

tissue [tiʃu:] *[tischuh]* **Seidenpapier, Papiertaschentuch**; Bild: Wer auf dem *Tisch Schuh*e hat, sollte ab und zu mal mit einem **Papiertaschentuch** die Oberfläche sauber machen.

titmouse [titmaʊs] *[tittmaus]* **Meise**; Bild: Eine **Meise** pickt gerade einer sphinxähnlichen *Maus* mit *Tit*ten die Nase ab.

toad [təʊd] *[toud]* **Kröte**; Bild: Wenn Krötenwanderung ist, fährt man oft einige **Kröten** tot.

toast [təʊst] *[toust]* **Trinkspruch**; Bild: Auf einem verbrannten *Toast* einen **Trinkspruch** einkratzen, z.B. hieß es früher: »Wein, Weib und Gesang«, heute: »Bier, Alte, Glotze«.

toe [təʊ] *[tou]* **Zeh**; Bild: Zwei Leute am Strand spielen »Tic Tac *Toe*« und malen die Kreuze und Kreise mit ihren **Zehen** in den Sand.

toll [təʊl] *[toul]* **Maut**; Bild: *Toll*, dass man die **Maut** eingeführt hat.

tom [tɒm] *[tom]* **Kater**; Bild: Bei »*Tom* und Jerry« war Tom der **Kater**. (»Jerry« heißt übrigens »Nachttopf«.)

tome [təʊm] *[toum]* **Schmöker**; Bild: Im *Toom*-Baumarkt kann man auch **Schmöker** kaufen.

toner *[təʊnər]* [tounä] **Toner, Gesichtswasser**; Bild: Jemand hat sich mit dem *Toner* des Laserdruckers das Gesicht beschmutzt. Jetzt muss er sein Gesicht mit **Gesichtswasser** reinigen.

tongue [tʌŋ] *[tang]* **Zunge**; Bild: Um eine **Zunge** wickelt man See*tang*.

toot [tuːt] *[tuht]* **hupen**; Bild: Meine Hupe *tut* **hupen**: »*tut-tut*«.

topple [tɒpl] *[toppl]* **umwerfen**; Bild: Kinder tauschen ihre *doppel*ten Bilder. Wenn der Tauschpartner das Bild nicht bekommt, **wirft** er den anderen (oder seinen Turm) einfach **um**.

tor [tɔ] *[toh]* **Felsturm (ein Turm aus Felsen)**; Bild: Der **Felsturm** hat ein riesiges *Tor*.

torrent [tɒrᵊnt] *[torent]* **Sturzbach**; Bild: Der **Sturzbach** ist der Bach, der ins (Garten-)*Tor rennt*.

tosh [tɔʃ] *[tosch]* **Quatsch**; Bild: Peter *Tosh* (Reggae-Musiker) macht auf der Bühne **Quatsch**.

tot [tɒt] *[tot]* **kleines Kind**; Bild: Das **kleine Kind** wurde *tot* aufgefunden.

touch [tʌtʃ] *[tatsch]* **berühren**; Bild: Ich **berühre** den *Taj* Mahal.

tour [tɔːʳ] *[tuhä]* **Reise, Tour**; Bild: Kul*tur***reisen** sind coole Touren.

tout [taʊt] *[taut]* **Schlepper**; Bild: Nur, wenn es *taut*, gelingt es dem **Schlepper**, das Passagierschiff aus dem Hafen zu ziehen.

tower [taʊəʳ] *[tauä]* **Turm**; Bild: Vom **Turm** hängt ein *Tau her*ab. Bild: Einen **Turm** zu bauen, kann *dauer*n.

track [træk] *[träk]* **Spur, Pfad, Weg**; Bild: Der **Weg** ist voller *Dreck*.

trade [treid] *[träid]* **Handel**; Bild: Der **Handel** mit *Tret*booten geht besonders gut.

trash [træʃ] *[träsch]* **Müll, Abfall**; Bild: Der Mäh*drescher* hinterlässt riesige Mengen Haus**müll**.

treat [trit] *[triht]* **behandeln**; Bild: Er hat mich schlecht **behandelt**: Ich bekam sogar einen *Tritt* in den Hintern.

tree [tri] *[trih]* **Baum**; Bild: An einem **Baum** hängt ein *Tri*angel.

trick [trik] *[trik]* **Trick**; hört sich im Deutschen genauso an.

trill [tril] *[trill]* **trillern**; Bild: Bekommt der Kanarienvogel *Trill* (Vogelfutter-Marke), dann fängt er zu **trillern** an.

trip [trip] *[tripp]* **Reise**; Bild: Auf der **Reise** holte er sich den *Trip*per (Geschlechtskrankheit).

tripper [trɪpə^{r}] *[trippä]* **Ausflügler**; Bild: Die **Ausflügler** kehrten mit *Tripper* wieder heim.

trivial pursuit [trɪviəl pɜsjut] *[triwiäl pöhsjut]* **belanglose/s Jagd /Streben (... nach Allgemeinwissen)**; Bild: *Trivial Pursuit* ist ein bekanntes Brettspiel, bei dem man **belanglos** dem Allgemeinwissen hinterher**jagt**.

trombone [trɒmbəʊn] *[tromboun]* **Posaune**; Bild: Der **Posaunen**spieler trägt *Trombo*(n)*se*strümpfe.

trouble [trʌbl] *[trabbl]* **Schwierigkeiten, Ärger, Sorge**; Bild: Im *Trubel* hat man oft **Schwierigkeiten**, sich zurechtzufinden. Bild: Mit einem *Trabbi* gab's nie **Schwierigkeiten**.

trout [traut] *[traut]* **Forelle**; Bild: Eine Regenbogen**forelle** *traut* das Brautpaar in der Kirche. Der Pastor hat einen Fischkopf mit Punkten und hält die Eheringe hin.

truth [truθ] *[truhs]* **Wahrheit**; Bild: An der Himmelspforte fragt der lispelnde Pe*truth*: »Hast du auch immer schön auf Erden die **Wahrheit** gesagt?«

trust [trʌst] *[trast]* **Vertrauen, vertrauen**; Bild: Er spendet *Trost* und sagt: »Du kannst mir **vertrauen**.«

tubby [tʌbi] *[tabbi]* **rundlich**; Bild: Die Tele*tubbies* sind ganz schön **rundlich**.

tube [tjub] *[tjuhb]* **Rohr**; Bild: Das **Rohr** war verstopft, weil eine *Tube* Zahnpasta drin war.

tuft [tʌft] *[taft]* **Haarschopf, Büschel**; Bild: Drei-Wetter-*Taft*-Haarspray (Marke) für den **Haarschopf**.

turkey [tɜki] *[töhki]* **Truthahn**; Bild: Auf der Flagge der *Türkei* ist neuerdings ein **Truthahn** anstelle des Sichelmondes zu sehen. Bild: Ein *türki*sfarbener **Truthahn**. Übrigens: In Indien nennt man den Truthahn »peru«.

turn [tɜn] *[töhn]* **umdrehen**; Bild: Beim Boden*turn*en muss man sich am Ende des Feldes **umdrehen**.

turtle [tɜtl] *[töhtl]* **Schildkröte**; Bild: Zwei **Schildkröten** *turtel*n miteinander.

twist [twist] *[twist]* **drehen**; Bild: Beim Gummi*twist* **dreht** man sich oft um die eigene Achse. Bild: *Twist* ist ein Tanz, bei dem man sich ganz merkwürdig **dreht**.

tyre [taiə^{r}] *[taiä]* **Reifen (Autoreifen)**; Bild: Ein neuer Satz **Reifen** kommt ganz schön *teuer*.

U

uncle [ʌnkl] *[ankl]* **Onkel**; Bild: Der **Onkel** hat ein Fur*unkel*.

understand [ʌndəstænd] *[andäständ]* **verstehen**; Bild: Man steht unter einem *Unterstand* und **versteht** seinen Nebenmann nicht mehr (z. B. wegen Gewitter oder Straßenverkehr).

undress [ʌndres] *[andres]* **sich entkleiden, sich ausziehen**; Bild: Du siehst irgendwie so *andress* (anders) aus, wenn du dich **ausziehst**.

unless [ənles] *[änless]* **wenn nicht**; Bild: Viele Bücher, die sie wegwirft, sind kaum gebraucht, **wenn nicht** sogar gänzlich *un*ge*les*en.

uptown [ʌptaʊn] *[aptaun]* **Wohnviertel, oberer Stadtteil**; Bild: Im **oberen Stadtteil** müssen alle ihre Kühlschränke *abtau'n*. Das Tauwasser fließt dann in den unteren Stadtteil.

upturn [ʌptɜ:n] *[aptöhn]* **Aufschwung**; Bild: »*Abtörn*en« wird im Deutschen oft in einer anderen Bedeutung benutzt, es meint im Englischen jedoch das Gegenteil: nämlich **Aufschwung**.

usher [ʌʃər] *[aschä]* **Pförtner, Platzanweiser**; Bild: Wenn man rauchen will, muss man neuerdings zum **Pförtner** gehen, da er der Einzige ist, der einen Aschenbecher (*Ascher*) bereitstellt.

V

vacancy [veikənsi] *[wäikennsi]* **freies Zimmer, offene Stelle**; Bild: *Wer kennt sie* – die **freien Zimmer** und **offenen Stellen**?

vagrant [veigrənt] *[wäigrännt]* **Landstreicher**; Bild: Der, der immer *wegrennt*, wenn man ihn anspricht, ist ein **Landstreicher**.

valley [væli] *[wälli]* **Tal**; Bild: Die Geier*wally* (Filmfigur) geht zurück ins **Tal**. Bild: Ich stehe auf einem Berg und lasse ein Ei ins **Tal** fallen. Ein sogenanntes »*Vall-ey*«.

vanish [væniʃ] *[wännisch]* **verschwinden**; Bild: *Wenn isch* (sagt Howard Carpendale) könnte, würde ich **verschwinden** (mich in Luft auflösen). Bild: Wenn man »*Vanish*«-Waschmittel (Marke) benutzt, **verschwinden** die Flecken.

vat [væt] *[fät]* **Fass**; Bild: Ein **Fass** voller Schweine- oder Gänse*fett*.

veal [vil] *[vihl]* **Kalbfleisch**; Bild: Jemand hat *viel* **Kalbfleisch** beim Metzger eingekauft.

vegan [vi:gən] *[wihgen]* **Veganer, vegan**; Bild: **Veganer** müssen sich nicht ständig *wiegen*.

veil [veil] *[veil]* **Schleier**; Bild: Ein *Veil*chen trägt (Braut- oder Trauer-) **Schleier**.

venture [ventʃər] *[wentschä]* **Unternehmen, Projekt**; Bild: *Wenn schon* dieses **Projekt** scheitert, dann sollten wir lieber alles noch einmal neu überdenken.

verbal [vɜ:bəl] *[wöhbl]* **mündlich**; Bild: Bei der **mündlich**en Prüfung hat er ziemlich viel Staub aufge*wirbel*t.

verdict [vɜ:dikt] *[vöhdikt]* **Urteil**; Bild: Nachdem der Richter das **Urteil** verlas, *verdickt*en sich meine Kniegelenke.

verdigris [vɜ:digris] *[vöhdigris]* **Grünspan**; Bild: *Wer die Grieß*speise nicht isst, bekommt **Grünspan** im Gesicht.

version [vɜ:ʃən] *[wöhschn]* **Version**; Bild: Es *wär' schön*, wenn wir mal eine andere **Version** hören würden.

vessel [vesəl] *[wessel]* **Schiff, Gefäß**; Bild: Jemand ist ans **Schiff** ge*fessel*t.

vest [vest] *[vest]* **Unterhemd**; Bild: Statt der *West*e unter dem Jackett trägt man jetzt Feinripp-**Unterhemden**.

vibrant [vaibrənt] *[waibrännt]* **lebhaft, dynamisch**; Bild: Das *Weib rennt*, weil es ein **lebhaft**er Mensch ist.

vice [vais] [*wais*] **Schraubstock**; Bild: Einen **Schraubstock** *weiß* anmalen.

vicious [viʃəs] *[wischäs]* **gemein, boshaft, heimtückisch**; Bild: Der Zungenbrecher »*Fischers* Fritz fischt frische Fische« ist wirklich **gemein**.

viscous [viskəʊs] *[wiskous]* **zähflüssig**; Bild: Katzen fressen *Whiskas* (Marke): Katzenfutter mit total **zähflüssigem** Zeugs drin.

victim [viktim] *[wiktim]* **Opfer**; Bild: Der arme (*Vic*tor) *Tim* ist das **Opfer** eines Sexualverbrechens.

victimize [viktimaiz] *[wiktimais]* **unfair behandeln**; Bild: Wer *im Mais*(-feld) *f...* oder wer *im Eis*(-stadion) *f...*, wird **unfair behandelt**.

victor [viktə^{r}] *[wiktä]* **Sieger**; Bild: Im Fußball*tor f...* der **Sieger** den Pokal.

vile [vail] *[wail]* **gemein, niederträchtig**; Bild: Ich tue das, *weil* ich **gemein** und **niederträchtig** bin.

villain [vilən] *[wilen]* **Verbrecher, Schurke**; Bild: Bist du mit *vielen* **Schurken** zusammen?

vine [vain] *[wein]* **Weinrebe**; Bild: Bei diesen **Weinreben** wird der Wein besonders *fein*.

violent [vaiələnt] *[waiälänt]* **gewaltsam**; Bild: Die *violett* gekleidete Schlägertruppe drischt **gewaltsam** auf den armen Passanten ein.

visit [vizit] *[wisitt]* **besuchen**; Bild: Wenn jemand einen **besucht**, sollte er wissen, *wie sit*tsam man sich verhält. Bild: Wenn man jemanden **besucht**, lässt man eine *Visit*enkarte zurück.

visitor [vizitə^{r}] *[wisitä]* **Besucher**; Bild: Der **Besucher** macht einen *Wissi* ans *Tor*.

vixen [viksn] *[wiksn]* **Füchsin**; Bild: Ohne Worte: Fix und Foxi (vixen = Füchsin, Fox = Fuchs). Bild: Eine **Füchsin** sieht man *wixen*.

voice [vɔis] *[wois]* **Stimme**; Bild: *Wo is* nur meine **Stimme** geblieben? (Zu viel geredet.)

vomit [vɒmit] *[womitt]* **Erbrochenes, erbrechen**; Bild: *Womit* mach' ich das **Erbrochene** weg?

vote [vəʊt] *[wout]* **Abstimmung**; Bild: Die **Abstimmung** der Wölfe geschieht durch Heben der P*foten*.

vow [vaʊ] *[wau]* **Versprechen, Gelöbnis, Schwur**; Bild: Der Hund leistet den **Schwur**, nie mehr *wau*, wau zu bellen.

vowel [vaʊəl] *[vauel]* **Vokal, Selbstlaut**; Bild: Das Wort »*faul*« hat zwei **Selbstlaute**. Bild: **Vokal** könnte man mit *VL* abkürzen.

W

walker (Johnnie) [wɔkə^{r}] *[wohkä]* **Fußgänger, Gehhilfe**; Bild: Der **Fußgänger** benutzt eine **Gehhilfe**, weil er zu viel Johnnie-*Walker*-Whiskey (Marke) getrunken hat.

wall [wɔːl] *[wohl]* **Mauer**; Bild: Ein *Wal* auf der Chinesischen **Mauer**.

waltz [wɒls] *[wols]* **Walzer**; Bild: Wenn ich mit ihm **Walzer** tanze, habe ich immer den Eindruck, dass mich eine *Walz*e über das Parkett schiebt.

wand [wɒnd] *[wahnd]* **Zauberstab**; Bild: Ich berühre mit dem **Zauberstab** die *Wand;* dann kann ich durchgehen.

want [wɒnt] *[wahnt]* **wollen**; Bild: Ich schreibe mir das, was ich **will**, an die *Wand*.

war [wɔː^{r}] *[wahr]* **Krieg**; Bild: Der letzte große **Krieg** war *wahr*.

(prison) warden [wɔːdn] *[wahdn]* **Aufseher, Gefängnisdirektor**; Bild: Der **Gefängnisdirektor** ist ein richtiger *Waden*beißer (eine aggressive Person, die sich durch eine besonders kleine Körpergröße auszeichnet); er beißt den Insassen in die *Waden*.

wardrobe [wɔdrəʊb] *[wohdroub]* **Kleiderschrank**; Bild: Ich *war drob*en auf dem **Kleiderschrank**.

washed [wɒʃd] *[woschd]* **gewaschen**; Bild: Die *Woscht* (Wurst) hat man **gewaschen**, nachdem sie auf den Boden gefallen war.

watch [wɒtʃ] *[wotsch]* **Uhr**; Bild: Weil ich zu spät komme (Lehrer zeigt auf die **Uhr** im Klassenzimmer. Es ist 5 Minuten vor 12!), bekomme ich eine *Watsch*en.

water [wɔtə^{r}] *[wohtä]* **Wasser**; Bild: Ich komme vom *Watt her* und habe festgestellt: Es gibt kein **Wasser** mehr im Meer.

wean [win] *[wihn]* **abstillen, abgewöhnen**; Bild: In einer Klinik in *Wien* kann man sich am besten das Rauchen **abgewöhnen**.

weaver [wivə^{r}] *[wihvä]* **Weber**; Bild: Sigourney *Weaver* (Schauspielerin: »Alien«) macht einen auf **Weber** am Webstuhl und webt sich einen Weltraumanzug.

weazen [wizn] *[wihsn]* **schrumpelig**; Bild: Wenn man barfüßig über die *Wiesen* geht, werden die Füße vom Morgentau nach einer gewissen Zeit **schrumpelig**.

web [web] *[webb]* **Spinnennetz**; Bild: Die Spinne *web*t ihr **Netz** am *Web*stuhl.

wednesday [wenzdi] *[wennsdi]* **Mittwoch**; Bild: *Wenns dey* (Fränkisch

für »Tee«) gibt, ist **Mittwoch.** Bild: *Wenn's die* Telefonnummer mir gibst, dann ruf ich dich am **Mittwoch** an.

weir [wiə^r] *[wiä]* **Wehr, Stauwehr**; Bild: *Wir* laufen über das **Wehr.**

weld [weld] *[weld]* **schweißen, Schweißnaht**; Bild: Die *Welt* ist am Äquator zusammenge**schweißt.** Dort ist auch beim Globus so etwas Ähnliches wie eine **Schweißnaht** zu sehen.

welder [weldə^r] *[welder]* **Schweißer(in)**; Bild: Die *Wälder* sind die Heimat der **Schweißer** (mit Schweißgerät, Schutzbrille usw.)

well [wel] *[well]* **Brunnen**; Bild: In einem **Brunnen** ist viel Wasser, das *Well*en schlägt.

well-bred [welbred] *[wellbred]* **wohlerzogen**; Bild: Ein *Well*en*brett* (Surfbrett) bekommen nur die **Wohlerzogenen.**

west [west] *[west]* **West**; hört sich im Deutschen genauso an. Bild: Ein **Western** spielt im *West*en Nordamerikas.

whereas [weəræz] *[weääs]* **während**; Bild: Einer der sieben Zwerge aus Schneewittchen: »*Wer aß* von meinem Tellerchen, **während** ich nicht da war?«

whimper [wimpə^r] *[wimpä]* **wimmern**; Bild: Foltermethode: die Augen*wimper*n herauszerren. Da **wimmern** alle.

whip [wip] *[wip]* **Peitsche**; Bild: Auf einer *Wip*pe sitzt jemand und treibt mit einer **Peitsche** den Balken an, auf dem er sitzt.

whisper [wispə^r] *[wispä]* **flüstern**; Bild: *Wisper* ist ein Nebenfluss des Rheins, dem man etwas zu**flüstern** kann.

white [wait] *[wait]* **weiß**; Bild: Bikiniträgerinnen haben eine käse-**weiße** Ober*weit*e.

who [hu] *[huh]* **wer**; Bild: Der **Wer**wolf *hu*stet.

wide [waid] *[waid]* **groß, breit**; Bild: Man suchte *weit* und **breit** (wide and bright) nach **großen** und strahlenden Augen, aber man sah nur in finstere Gesichter.

widen [waid^{ə}n] *[waiden]* **verbreitern, erweitern**; Bild: Die Zäune der *Weiden* werden nach außen versetzt, damit sich die Weidenfläche **verbreitert.**

wiggle [wigl] *[wigl]* **wackeln, schwänzeln**; Bild: Beim *Wickel*n **wackelt** (oder **schwänzelt**) das Baby.

wimp [wimp] *[wimp]* **Waschlappen**; Bild: Die *Wimp*er mit einem **Waschlappen** waschen.

wimple [wimpl] *[wimpl]* **Nonnen-Schleier**; Bild: Eine Nonne hat auf ihrem Kopf einen Fahrrad*wimpel* statt einen **Schleier**. Bild: In *Wimbl*edon spielen die Frauen mit einem **Schleier** Tennis.

wind [wind] *[wind]* **Wind**; hört sich im Deutschen genauso an.

window [windəʊ] *[windou]* **Fenster**; Bild: Das **Fenster** hält den *Wind ouw* (Fränkisch für »*Wind ab«)*. Tipp: Manche Computerkurse heißen z.B. »Windows für Einsteiger«. Eigentlich sind das bayerische Fensterl-Kurse.

wine [wain] *[wain]* **Wein**; hört sich im Deutschen genauso an. Bild: Alle *wein*en, wenn kein **Wein** mehr da ist.

winker [wiŋkə^{r}] *[winkä]* **Blinker**; Bild: Anstelle eines **Blinkers** gibt es eine Hand, die winkt. Eben einen *Winker*.

wipe [waip] *[waip]* **aufwaschen**; Bild: Ums **Aufwaschen** kümmert sich das Putz*weib*.

wiper [waipə^{r}] *[waipä]* **Scheibenwischer**; Bild: Drei *Weiber* als **Scheibenwischer** in der Autowaschanlage.

wise [waiz] *[weis]* **klug, sinnvoll**; Bild: Die *Weiß*woscht (Weißwurst) ist also eine **sinnvoll** gewaschene »wise washed«-Wurst. Vgl. »stone washed«!

wiseacre [waizeikə^{r}] *[weisäikä]* **(Klug-) Schwätzer**; Bild: War Alt-Bundespräsident Richard von *Weizsäcker* wirklich nur ein **Klugschwätzer**?

wish [wiʃ] *[wisch]* **Wunsch, wünschen**; Bild: Ich **wünsche** mir einen *Wisch*mopp unterm Weihnachtsbaum. Bild: Ein **Wunsch**zettel ist nur ein *Wisch,* den niemand liest. Bild: Den **Wunsch** weg*wisch*en.

woman [wʊmən] *[wommän]* **Frau**; Bild: *Wo Män*ner sich ansammeln, gibt es immer auch eine schöne **Frau**.

women [wimin] *[wimmin]* **Frauen**; Bild: *Wie Män*ner wirklich sind, können alle **Frauen** bestätigen. Bild: Alle **Frauen** *wimmern*.

wonder [wʌndə^{r}] *[wondä]* **Wunder**; Bild: Ein **Wunder**: Stevie *Wonder* (Sänger) kann wieder sehen. Bild: Ich weiß nicht, *wann der* Regen kommt. Wir hoffen aber alle auf ein **Wunder**.

woody [wʊdi] *[wuddi]* **holzhaltig**; Bild: *Woody* Allen (Schauspieler) spielt ein **holzhaltig**es Blasinstrument (Klarinette).

work [wɜːk] *[wöhk]* **Arbeit**; Bild: Wenn ich an die **Arbeit** denke, bekomme ich einen *Würg*krampf.

wrangler [ræŋlə^{r}] *[ränglä]* **Streithahn**; Bild: Zwei **Streithähne** streiten sich

um eine *Wrangler*-Jeans (Marke). Beide machen Tauziehen mit der Jeans.

wrap [ræp] *[räp]* **einwickeln**; MH: Heutzutage gibt es Wraps überall. Das sind eingewickelte Speisen in Teigfladen. Bild: Ein *Rap*per **wickelt** beim *Rap*pen ein *Wrap* **ein**.

writer [raitə^r] *[raitä]* **Verfasser, Autor**; Bild: Der **Verfasser** reitet auf einem riesigen Buch mit einer Schreibfeder in der Hand. Er ist ein *Reiter*.

wunderkind [wʊndə^{r}kind] *[wundäkind]* **Wunderkind**; kommt aus dem Deutschen.

Y

yahoo [jəhu] *[jehuh]* **Krakeeler, Schreihals**; Bild: Wer mit *Yahoo* ins Internet geht, ist ein **Schreihals**.

yard [jɑd] *[jahd]* **Hof**; Bild: Ein Scotland-*Yard*-Polizist (mit typischer Kopfbedeckung) steht auf meinem **Hof**. Bild: Im **Hof** liegen *Jad*eschmucksteine.

yellow [jeləʊ] *[jellou]* **gelb**; Bild: Ein **gelb**es *Cello*.

you [ju] *[juh]* **du**; Bild: **du** bist ein *Ju*wel.

Z

zeitgeist [tsaitgaist] *[tsaitgaist]* **Zeitgeist**; kommt aus dem Deutschen.

# Deutsch	# Englisch
abbrechen, unterbrechen	**abort** [əbɔt] *[aboht]*
Abendessen	**supper** [sʌpəʳ] *[sappä]*
Abenteuer	**adventure** [ədventʃəʳ] *[ädwentschä]*
aber	**but** [bat] *[bat]*
abgehärtet, widerstandsfähig	**hardy** [hɑdi] *[hahdi]*
abgeneigt	**averse** [əvəs] *[ävöhs]*
Abgrund, Klippe	**sheer** [ʃiəʳ] *[schiä]*
abhängen von	**depend on** [dipend] *[dipend]*
ablehnen	**refuse** [refjuz] *[refjus]*
absagen, rückgängig machen	**cancel** [kænsl] *[känsl]*
abscheulich	**execrable** [eksikrəbl] *[eksikräbl]*
abscheulich	**heinous** [heinəs] *[hainäs]*
abstillen, abgewöhnen	**wean** [win] *[wihn]*
Abstimmung	**vote** [vəʊt] *[wout]*
abwesend	**absent** [æbsᵉnt] *[äbsent]*
achtsam	**careful** [keəfl] *[kähfl]*
Adler	**eagle** [igl] *[ihgl]*
Affe, affenartig	**simian** [simiən] *[simiän]*
Aktenordner, Datei	**file** [fail] *[fail]*
allein	**alone** [ələʊn] *[äloun]*
allgemein	**general** [dʒenrəl] *[dscheneräl]*
Alter	**age** [eidʒ] *[äitsch]*
älter, Holunder	**elder** [eldəʳ] *[eldä]*
am wenigsten	**least** [list] *[lihst]*
amüsieren	**amuse** [əmjuz] *[ämiuhs]*
an Bord, im Zug	**aboard** [əbɔd] *[abohd]*
ändern	**amend** [əmend] *[ämend]*
Andrang, Massenandrang	**rush** [rʌʃ] *[rasch]*
anfeuchten	**moisten** [mɔisᵊn] *[mäusn]*

anfeuchten	**moisturize** [mɔistʃ^{ə}raiz] *[mäustschrais]*
anflehen	**invoke** [invəʊk] *[inwouk]*
Angebot	**offer** [ɒfə^{r}] *[offä]*
Angeklagter	**culprit** [kʌlprit] *[kalprit]*
Angestellter (Büroangestellter)	**clerk** [klak] *[klahk]*
Angler	**angler** [æŋglə^{r}] *[änglä]*
Angreifer, Eindringling	**invader** [inveidə^{r}] *[inwäidä]*
Angst	**angst** [ɑŋkst] *[ahnkst]*
ängstlich	**afraid** [əfreid] *[äfräid]*
ängstlich	**anxious** [æŋkʃəs] *[änksches]*
anhalten, halten	**hold** [həʊld] *[hould]*
ankochen	**parboil** [pɑbɔil] *[pahboil]*
annehmen, vermuten	**suppose** [səpəʊz] *[sepous]*
anschwärzen	**blacken** [blæk^{ə}n] *[bläken]*
ansehnlich	**sightly** [saitli] *[saitli]*
ansehnlich, gut aussehend	**handsome** [hændsəm] *[händsem]*
ansteigen, zunehmen, Anhebung, Ausweitung	**increase** [iŋkris] *[inkrihs]*
anzünden	**kindle** [kindl] *[kindl]*
Apfel	**apple** [æpl] *[äpl]*
Applaus, Beifall	**applause** [əplɔz] *[aplohs]*
Arbeit	**work** [wɜːk] *[wöhk]*
arbeiten (schwer)	**labour** [leibə^{r}] *[läibä]*
Arbeitsgemeinschaft	**team** [tim] *[tihm]*
Arbeitslosenunterstützung	**dole** [dəʊl] *[doul]*
Arche	**ark** [ɑːk] *[ahk]*
Ärger	**anger** [æŋgər] *[änger]*
Ärger, verärgern	**pique** [piːk] *[pihk]*
Arglist	**guile** [gail] *[gail]*
Armreif	**bangle** [bæŋl] *[bängl]*
Arsch	**arse** [ɑːs] *[ahs]*
Art	**kind** [kaind] *[kaind]*

Ast, Zweig	**bough** [bau] *[bau]*
ätzen	**etch** [etʃ] *[etsch]*
auch	**also** [ɔlsəʊ] *[ahlsou]*
aufhören, einstellen, beenden	**cease** [siːs] *[sihs]*
aufmachen, lockern	**loosen** [luːs^{ə}n] *[luhsen]*
Aufmerksamkeit, Vorsicht	**attention** [ətenʃn] *[ätenschn]*
aufnehmen	**pick up** [pikʌp] *[pikap]*
aufrauen, rau werden	**roughen** [rʌf^{ə}n] *[raffen]*
aufrechterhalten	**maintain** [meintein] *[mäintäin]*
Aufschwung	**upturn** [ʌptɜːn] *[aptöhn]*
Aufseher, Gefängnisdirektor	**prison warden** [wɔːdn] *[wahdn]*
aufsteigen, ansteigen, aufgehen	**rise** [raiz] *[rais]*
Auftrag, Mission	**mission** [miʃn] *[mischn]*
aufwaschen	**wipe** [waip] *[waip]*
aufwecken	**rouse** [rəʊz] *[rous]*
aufwickeln	**coil** [kɔil] *[koil]*
Aufzeichnung, Aufnahme	**record** [rekɔd] *[rekohd]*
aufziehen	**foster** [fɒstə^r] *[fostä]*
Auge	**eye** [ai] *[ai]*
ausdehnen	**expand** [ikspænd] *[ikspänd]*
Ausflügler	**tripper** [trɪpə^r] *[trippä]*
ausgeben	**spend** [spend] *[spend]*
ausgeprägt	**distinct** [distiŋkt] [*distinkt*]
Auspuff	**exhaust** [igzɔst] *[igsohst]*
Auspufftopf	**muffler** [mʌflə^r] *[maflä]*
ausrichten	**align** [əlain] *[älain]*
Ausrüstung	**kit** [kit] *[kit]*
Ausrüstung	**tackle** [tækl] *[täkl]*
ausrutschen, ausgleiten	**slip** [slip] *[slip]*
Außen-, im Freien	**outdoor** [aʊtdɔː^r] *[autdoä]*
Außenseiter	**misfit** [misfit] *[misfit]*
ausstellen, zeigen	**exhibit** [igzibit] *[igsibit]*

Australier, australisch	**Aussie** [ɒzi] *[ossi]*
Auswahl	**selection** [silektʃn] *[silektschn]*
Auto	**car** [ka^{r}] *[kah]*

Backenzahn	**molar** [məʊlə^{r}] *[moulä]*
Backofen	**oven** [ʌvn] *[avn]*
Bagger	**digger** [digə^{r}] *[diggä]*
Bahre (Totenbahre)	**bier** [biə] *[biä]*
bald	**soon** [sun] *[suhn]*
Band, Klebeband	**tape** [teip] *[täip]*
bändigen	**restraint** [ristreint] *[risträint]*
Bär	**bear** [beə^{r}] *[beä]*
Bärenklau	**acanthus** [əkænθəs] *[äkändes]*
Bargeld	**cash** [kæʃ] *[käsch]*
Barren	**bullion** [bʊliən] *[bullien]*
Barren, Riegel, Gitterstäbe	**bar** [ba^{r}] *[bah]*
barsch	**gruff** [grʌf] *[graff]*
Bart	**beard** [biəd] *[biäd]*
bauen	**build** [bild] *[bild]*
Bauer, Bäuerin	**farmer** [fɑmə^{r}] *[fahmä]*
Baum	**tree** [tri] *[trih]*
Becher mit Henkel	**mug** [mʌg] *[magg]*
Becken	**pelvis** [pelvis] *[pelwis]*
beenden, vollenden	**finish** [finiʃ] *[finisch]*
befestigen, zumachen	**fasten** [fɑsn] *[fahsn]*
behandeln	**treat** [trit] *[triht]*
behindert	**handicapped** [hændikæpt *[händikäpt]*
beinahe, fast	**almost** [ɔlməʊst] *[ahlmoust]*
belanglose/s Jagd /Streben (… nach Allgemeinwissen)	**trivial pursuit** [trɪviəl pɜsjut] *[triwiäl pöhsjut]*

Belanglosigkeit, Trivialität	**pettiness** [petinəs] *[petinäsl]*
belasten, Belastung	**burden** [bɜdn] *[böhdn]*
beleibt	**stout** [staʊt] *[staut]*
Beleidigungen	**insults** [inʌlts] *[insalz]*
bellen	**bark** [bak] *[bahk]*
Belohnung	**reward** [riwɔd] *[riwohd]*
beobachten	**observe** [əbzɜv] *[obsöhv]*
Bequemlichkeit	**comfort** [kʌmfət] *[kamfet]*
Bequemlichkeit	**convenience** [kənviniəns] *[konwiniäns]*
Bereich, Raum	**range** [reindʒ] *[räindsch]*
Berg, Hügel	**hill** [hil] *[hill]*
Bergarbeiter	**miner** [mainə^{r}] *[mainä]*
Bergsee	**tarn** [tan] *[tahn]*
berühren	**touch** [tʌtʃ] *[tatsch]*
bescheiden	**modest** [mɒdist] *[modist]*
beschmieren, Fleck	**smear** [smiə^{r}] *[smir]*
beschreiben	**describe** [diskraib] *[di'skraib]*
Besen	**broom** [brum] *[bruhm]*
besitzen	**possess** [pəzes] *[poses]*
besoffen, blau, voll	**pissed** [pist] *[pist]*
Bestätigung	**confirmation** [kɒnfəmeiʃn] *[konfämäischn]*
bestrafen	**punish** [pʌniʃ] *[pannisch]*
besuchen	**visit** [vizit] *[wisitt]*
Besucher	**visitor** [vizitə^{r}] *[wisitä]*
Betrug, Beschiss, Schwindel	**swindle** [swindl] *[swindl]*
Betttuch	**sheet** [ʃit] *[schiht]*
Beute	**prey** [prei] *[präi]*
bewegen (sich), rühren (sich)	**budge** [bʌdʒ] *[badsch]*
Beweis	**proof** [pruf] *[pruhf]*
bewundern, verehren	**admire** [ədmaiə^{r}] *[ädmeiä],*

beziehen (sich) auf	**refer (to)** [rifɜʳ] *[reföhä]*
Bezirk	**district** [distrikt] *[distrikt]*
Biene	**bee** [bi] *[bih]*
Bier	**beer** [biəʳ] *[biä]*
bis	**till** [til] *[till]*
Bisamratte	**muskrat** [mʌskræt] *[maskrät]*
Bison	**bison** [baisᵊn] *[baisn]*
bissig	**snappy** [snæpi] *[snäppi]*
bitter	**bitter** [bitəʳ] *[bittä]*
Blase	**bladder** [blædəʳ] *[bläddä]*
blau	**blue** [blu] *[bluh]*
Bleistift	**pencil** [pensl] *[pensl]*
Blick	**look** [lʊk] *[luk]*
Blinker	**winker** [wiŋkəʳ] *[winkä]*
Blitz	**flash** [flæʃ] *[fläsch]*
Blüte	**bloom** [blum] *[bluhm]*
Blume	**flower** [flaʊəʳ] *[flauä]*
Blut	**blood** [blʌd] *[blad]*
bohren, Bohrer, Übung	**drill** [dril] *[drill]*
Böttcher, Küfer	**cooper** [kuːpəʳ] *[kuhpä]*
Brandung	**surf** [səf] *[söhf]*
braten, frittieren	**fry** [frai] *[frai]*
brauchen, benötigen	**require** [rikwaiəʳ] *[rikweiä]*
braun	**brown** [braʊn] *[braun]*
Braut	**bride** [braid] *[braid]*
Brei, Mus	**mush** [mʌʃ] *[masch]*
breiter werden, verbreitern	**broaden** [brɔdᵊn] *[brohden]*
Brennerei	**still**[2] [stil] *[still]*
Brief	**letter** [letəʳ] *[lettä]*
Brieffreund	**penfriend** [penfrend] *[pennfränd]*
Briefmarke	**stamp** [stæmp] *[stämp]*
Brot	**bread** [bred] *[bräd]*

Brötchen	**roll** [rəʊl] *[roul]*
Bruder	**brother** [brʌðəʳ] *[brasä]*
Brücke	**bridge** [bridʒ] *[britsch]*
Brühe	**stock**[1] [stɒk] *[stok]*
brüllen	**holler** [hɒlᵊr] *[hollä]*
brüllen, Gebrüll	**roar** [rɔːʳ] *[roah]*
brummeln, murmeln	**mutter** [mʌtəʳ] *[mattä]*
brummen, knurren	**growl** [graʊl] *[graul]*
Brunnen	**well** [wel] *[well]*
Brustwarze	**nipple** [nipl] *[nipl]*
Buch	**book** [bʊk] *[buk]*
buchstabieren	**spell** [spel] *[spell]*
Bucht	**creek** [krik] *[krihk]*
Buckel, kleiner Hügel	**hump** [hʌmp] *[hamp]*
Bückling	**kipper** [kipᵊr] *[kippä]*
Büffel	**buffalo** [bʌfələʊ] *[bafälou]*
Bündel, bündeln	**bundle** [bʌndl] *[bandl]*
Bürger	**citizen** [sitizn] *[sitisn]*
Büro	**office** [ɒfis] *[offis]*
Büste, Oberweite	**bust** [bʌst] *[bast]*
Bulle, Stier	**bull** [bʊl] *[bull]*
bunt	**coloured** [kʌləʳd] *[kalläd]*
Busch	**bush** [bʊʃ] *[busch]*
Busen	**breast** [brest] *[brest]*
butterig	**buttery** [bʌtᵊri] *[batäri]*

charakterisieren	**distinguish** [distiŋgwiʃ] *[distingwisch]*
Chef	**chief** [tʃif] *[tschihf]*
Couch	**couch** [kaʊtʃ] *[kautsch]*

Dach	**roof** [ruf] *[ruhf]*
Dachfirst	**ridge** [ridʒ] *[ritsch]*
Dachs	**badger** [bædʒə^{r}] *[bätschä]*
Dachstube	**garret** [gærit] *[gärit]*
danach	**afterward** [aftəwəd] *[ahftäwöd]*
Deck	**deck** [dek] *[dek]*
Dekan	**dean** [din] *[dihn]*
Demonstration, Schau	**show** [ʃəʊ] *[schou]*
demütig, bescheiden	**humble** [hʌmbl] *[hambl]*
Designer	**stylist** [stailist] *[stailist]*
Destillateur	**distiller** [distilə^{r}] *[distillä]*
Dichtungsmittel, Kitt	**sealant** [silənt] *[sihlent]*
Diener, Hausdiener, Butler	**butler** [bʌtə^{r}] *[batlä]*
Dienstmädchen, Zimmermädchen	**maid** [meid] *[meid]*
Dinosaurier	**dinosaur** [dainəsɔː^{r}] *[dainäsoh]*
Discobesucher, Nachtclub-besucher	**clubber** [klʌbə^{r}] *[klabbä]*
Dödel, Vollidiot	**muppet** [mɒpit] *[mapit]*
Dorn, Stachel	**prickle** [prikl] [*prikl]*
Dose	**tin** [tin] *[tinn]*
Drachen	**dragon** [dræg^{ə}n] *[drägen]*
drehen	**twist** [twist] *[twist]*
drehen (sich)	**revolve** [riwɒlv] *[riwolf]*
Drehung, sich drehen	**spin** [spin] *[spin]*
Drucker	**printer** [printə^{r}] *[printä]*
drücken	**push** [pʊʃ] *[pusch]*
du	**you** [ju] *[juh]*
dünn, schmal	**slim** [slim] *[slim]*
düster, trostlos	**dismal** [dizməl] *[dismal]*
Duft, Parfüm	**scent** [sent] *[sent]*
dumm, albern	**silly** [sili] *[sili]*
dunkel, finster	**dark** [dɑk] *[dahk]*

durchdenken, nachdenken, grübeln	**ponder** [pɒndə^{r}] *[pondä]*
durchqueren	**ford** [fɔːd] *[fohd]*
durchschneiden	**intersect** [intəsekt] *[intäsekt]*
durchsickern	**seep** [sip] *[sihp]*
Dusche	**shower** [ʃaʊə^{r}] *[schauä]*
Dutzend	**dozen** [dʌzn] *[dassn]*
DVD	*DVD* [diːviːdiː] *[dihwihdih]*
echt, wirklich, real	**real** [riəl] *[riäl]*
Ehemann	**husband** [hʌzbənd] *[hassbänd]*
ehrlich	**honest** [ɒnist] *[anist]*
Ei	**egg** [eg] *[eg]*
Eichhörnchen	**squirrel** [skwirəl] *[skwirrel]*
eifersüchtig	**jealous (of)** [dʒeləs] *[tschelläs]*
Eile	**hurry** [hʌri] *[harri]*
Eile, Hast	**haste** [heist] *[häist]*
einfühlsam, empfindsam, empfindlich	**sensitive** [sensitiv] *[sensitiv]*
Eingeweihter, Mitglied, Zugehöriger	**insider** [insaid^{ə}r] *[insaidä]*
Eingreifen, das	**intervention** [intəventʃ^{ə}n] *[intäwenntschen]*
Einkaufsbummel	**ramble** [ræmbl] *[rämbl]*
Einlegesohle	**insole** [insəʊl] *[insoul]*
einmal	**once** [wʌns] *[wans]*
einmischen (sich)	**meddle (with)** [medl] *[mäddl]*
eins	**one** [wʌn] *[wan]*
einschätzen, abschätzen	**assess** [æspən] *[äspen]*
einschreiten	**intervene** [intəviːn] *[intäwihn]*
einstellig	**single figure** [siŋlfigə^{r}] *[singlfiggä]*

Eintauchen, das, das Untertauchen	immersion [imɜːʃən] *[imöhschen]*
einwerfen, dazwischenreden	interjekt [intədʒekt] *[intätschekt]*
einwickeln	wrap [ræp] *[räp]*
Einzelhändler	retailer [riteilər] *[ritäilä]*
Eisscholle	ice floe [aisfləʊ] *[aisflou]*
Eiszapfen	icicle [aisikl] *[aisikl]*
Ekel	disgust [disgʌst] *[disgast]*
Elch	moose [mus] *[muhs]*
Elend, Not	misery [mizəri] *[misäri]*
Elf, Elfe	elf [elf] *[elf]*
Eltern	parents [peərents] *[pärents]*
Engel	angel [einʒl] *[äinschl]*
Enkel	grandson [grænsʌn] *[gränsan]*
entdecken	detect [ditekt] *[ditekt]*
entdecken, finden	discover [diskʌvər] *[diskaffä]*
Ente	duck [dʌk] *[dak]*
entkleiden (sich), ausziehen (sich)	undress [ʌndres] *[andres]*
entscheiden (sich)	decide [disaid] *[disaid]*
entscheiden, perfekt machen	clinch [klinʃ] *[klinsch]*
entschuldigen (sich), um Entschuldigung bitten;	apologise [əpɒlədʒaiz] *[äpollotscheis]*
entspannen	relax [rilæks] *[riläks]*
entweder ... oder	either ... or [aiðər ... ɔr] *[eider ... ohä]*
Erbrochenes, erbrechen	vomit [vɒmit] *[womitt]*
Erbse	pea [pi] *[pih]*
Erd(boden)	soil [sɔil] *[soil]*
Erdbeere	strawberry [strɔbri] *[strohbärri]*
Erdnuss	peanut [pinʌt] *[pihnat]*
ereignen (sich), geschehen	happen [hæpən] *[häppen]*
Ereignis, Veranstaltung	event [ivent] *[iwent]*
Eremit, Einsiedler	hermit [hɜːmit] *[höhmit]*
Erfahrung	experience [ikspiəriəns] *[ikspiäriäns]*

Erfindung	**invention** [inventʃən] *[inwenntschen]*
Erfolg	**succees** [sak'sɛs] *[saksess]*
erforschen	**probe** [prəʊb] *[proub]*
erholen (sich)	**recover** [rikʌvər] *[rikaffä]*
erinnern	**remind** [rimaind] *[rimaind]*
erklären	**declare** [dikleər] *[dikleä]*
erlauben	**permit** [pəmit] *[pöhmit]*
Erle	**alder** [ɔldə] *[ohldä]*
Erleichterung (von)	**relief (from)** [rilif] *[rilihf]*
Ermüdung, Müdigkeit, Ermattung	**fatigue** [fəti:g] *[fätihg]*
ernste Notlage	**dire straits** [daiərstreits] *[daiästräits]*
Ernte, Ertrag	**harvest** [hɑvist] *[hahwist]*
Erpel, Enterich	**drake** [dreik] *[dräik]*
Ersatzteil	**spares** [speərs] *[speäs]*
erscheinen, auftauchen	**appear** [əpɪər] *[äpiä]*
erschöpfen, entleeren	**exhaust** [igzɔst] *[igsohst]*
erschrecken	**startle** [stɑtl] *[stahtl]*
erstaunen (sehr), verblüffen	**astound** [əstaʊnd] *[ästaund]*
erstaunen	**astonish** [əstɒniʃ] *[ästonisch]*
erstaunlich	**amazing** [əmeiziŋ] *[ämäising]*
erste, erster	**first** [fɜst] *[föhst]*
erstklassig	**classy** [klasi] *[klahsi]*
Erwachsener	**adult** [ædʌlt] *[ädalt]*
erwähnen	**mention** [menʃn] *[menschn]*
Erzähler	**teller** [telər] *[tellä]*
Esel	**ass** [æs] *[äss]*
Esel	**donkey** [dɒŋki] *[danki]*
Espe	**aspen** [əses] *[ässess]*
Essiggurke	**pickle** [pikl] *[pikl]*
etikettieren, Etikett, Anhängerschild	**tag** [tæg] *[täg]*
Eule	**owl** [aʊl] *[aul]*

Fachhändler	**stockist** [stɒkistŋ] *[stokist]*
Faden	**strand** [strænd] *[stränd]*
Fahne	**flag** [flæg] *[fläg]*
Fahrpreis	**fare** [feə^{r}] *[feäh]*
Fahrrad	**bicycle** [baisikl] *[baisikl]*
falsch geschrieben	**misspell** [misspel] *[mispel]*
fangen	**catch** [kætʃ] *[kätsch]*
Fass	**vat** [væt] *[fät]*
fassungslos, sprachlos	**stunned** [stʌnd] *[stand]*
faulenzen	**laze** [leiz] *[läis]*
Faust	**fist** [fist] *[fist]*
Fausthandschuh	**mitten** [mit^{e}n] *[mitten]*
Feder	**plume** [plu:m] *[pluhm]*
Fehler	**fault** [fɔlt] *[fohlt]*
Fehler	**mistake** [misteik] *[mistäik]*
fehlschlagen, danebengehen	**misfire** [misfaiə^{r}] *[misfaiä]*
Feigling	**coward** [kaʊəd] *[kauäd]*
Feind	**enemy** [enəmi] *[enemi]*
feiner Pinkel	**dude** [du:d] *[duhd]*
Feldhase	**hare** [heə^{r}] *[heä]*
Fell, Haut, Tierhaut	**hide** [haid] *[haid]*
Fell	**pelt** [pelt] *[pelt]*
Felsen	**rock** [rɒk] *[rok]*
Felsturm (ein Turm aus Felsen)	**tor** [tɔ] *[toh]*
Fenster	**window** [windəʊ] *[windou]*
Fernsehen	**television** [telɪvɪʒn] *[telewischn]*
Fessel, fesseln	**bond** [bɔnd] *[bond]*
Fetzen, Lumpen	**tatter** [tæt^{ə}r] *[tättä]*
Feuer	**fire** [faiə^{r}] *[feiä]*
feuern, jdm.	**sack** [sæk] *[säk]*
Feuerzeug	**lighter** [lait^{ə}r] *[laitä]*
Fichte	**spruce** [sprus] *[spruhs]*

Finger	**finger** [fiŋgə^{r}] *[fingä]*
Fingertechnik, Fingersatz	**fingering** [fiŋg^{ə}ring] *[fingäring]*
Fisch	**fish** [fiʃ] *[fisch]*
Fischfrikadelle	**fish cake** [fiʃkeik] *[fischkäik]*
Fischstäbchen	**fish finger** [fiʃfiŋgə^{r}] *[fischfingä]*
flackern, flattern	**flicker** [flikə^{r}] *[flikä]*
Flaschenzug	**pulley** [pʊli] *[pulli]*
Fleck	**speck** [spek] *[spek]*
Fleck	**stain** [stein] *[stäin]*
Fleck, Mal, Brandmal, Narbe	**mark** [mɑk] *[mahk]*
Fleck, Pickel	**spot** [spɒt] *[spott]*
Fledermaus	**bat** [bæt] *[bät]*
Flegel	**lout** [laʊt] *[laut]*
Fleisch	**meat** [mi:t] *[miht]*
Fliegen (Insekten)	**flies** [flaiz] *[flais]*
Flittchen	**hussy** [hʌsi] *[hassi]*
Flitzer, nackter Läufer	**streaker** [stri:kə^{r}] *[strihkä]*
Floh	**flea** [fli] *[flih]*
Flöte	**flute** [flut] *[fluht]*
Flotte	**fleet** [flit] *[fliht]*
flüstern	**whisper** [wispə^{r}] *[wispä]*
Flugzeug	**plane** [plein] *[pläin]*
Fluss	**flow** [fləʊ] *[flou]*
Fluss	**river** [rivə^{r}] *[riwä]*
Forelle	**trout** [traut] *[traut]*
Fotze	**cunt** [kʌnt] *[kant]*
Frage	**question** [kwestʃən] *[kwestschän]*
Fragezeichen	**question mark** [kwestʃənmɑk *[kwestschänmahk]*
Frau	**woman** [wʊmən] *[wommän]*
Frauen	**women** [wimin] *[wimmin]*
freies Zimmer, offene Stelle	**vacancy** [veikənsi] *[wäikennsi]*

Freiheit	**freedom** [fridəm] *[frihdem]*
Freiheit	**liberty** [libəti] *[liberti]*
Freizeit	**leisure** [leʒə^{r}] *[leschä]*
fremd, nicht dazugehörend	**foreign** [fɒrin] *[forrin]*
Freude, Entzücken, erfreuen	**delight** [dilait] *[dileit]*
Freund	**chap** [tʃæp] *[tschäp]*
Frieden	**peace** [pis] *[pihs]*
frieren, einfrieren	**freeze** [friz] *[frihs]*
froh, erfreut	**glad** [glæd] *[gläd]*
fromm, gottesfürchtig	**pious** [paiəs] *[paiäs]*
Frosch	**frog** [frɒg] *[frog]*
Frost, glasieren	**frost** [frɑst] *[frost]*
früher, ehemalig	**former** [fɔmə^{r}] *[fohmä]*
Frühling	**spring** [spriŋ] *[spring]*
Frühstück	**breakfast** [brekfəst] *[bräkfest]*
Füchsin	**vixen** [viksn] *[wiksn]*
führen	**lead** [lid] *[lihd]*
fünf	**five** [faiv] *[faiv]*
Fuhrmann	**carter** [katə] *[kahtä]*
Fund, Entdeckung	**find** [faind] *[faind]*
funkeln, glitzern	**sparkle** [spakl] *[spakl]*
Fußboden	**floor** [flɔː^{r}] *[flohr]*
Fußgänger, Gehhilfe	**walker (Johnnie)** [wɔkə^{r}] *[wohkä]*
Fußknöchel	**ankle** [æŋkl] *[änkl]*

Gabel	**fork** [fɒk] *[fohk]*
gackern	**cluck** [klʌk] *[klak]*
Galle	**bile** [bail] *[bail]*
Gang	**gear** [giə^{r}] *[giäh]*
Gangsterbraut	**moll** [mɑl] *[mol]*
Gans	**goose** [gus] *[guhs]*

Gänse	**geese** [giːs] *[gihs]*
Gänseblümchen	**daisy** [deizi] *[däisi]*
Gartenhacke	**hoe** [həʊ] *[hou]*
Gasse	**alley** [æli] *[äli]*
Gast	**guest** [gest] *[gest]*
Gastgeberin	**hostess** [həʊstis] *[houstes]*
Gasthaus	**inn** [in] *[in]*
Gauner	**crook** [krʊk] *[kruhk]*
Gebet	**prayer** [preə^{r}] *[präiä]*
gebraten	**fried** [fraid] *[fraid]*
Gebühr	**fee** [fi] *[fih]*
Geburt	**birth** [bɜːθ] *[böhs]*
Gedächtnis, Erinnerung	**memory** [mem^{ə}ri] *[memöri]*
geduldig	**patient** [peiʃnt] *[päischnt]*
geeignet	**apt** [æpt] *[äpt]*
Gefahr, Schaden	**mischief** [mistʃif] *[mistschihf]*
gefährlich	**dangerous** [deindʃʒərəs] *[däintschäres]*
gefleckt	**mottled** [mɒtld] *[motld]*
gefleckt	**spotted** [spɒtid] *[spottid]*
Geflügel	**fowl** [faul] *[faul]*
Gefühl	**feeling** [filiŋ] *[fihling]*
Gegensprechanlage	**intercom** [intəkɒm] *[intäkom]*
Gegenteil	**opposite** [ɒpəzit] *[opäsit]*
Gehalt	**salary** [sæleri] *[sälleri]*
Gehaltserhöhung	**salary increase** [sæleri iŋkris] *[sälleri inkrihs]*
geheim	**secret** [sikrit] *[sihkrit]*
geheimnistuerisch	**coy** [kɔi] *[koi]*
gehen	**go** [gəʊ] *[gou]*
gehend, im Gang befindlich	**going** [goʊiŋ] *[gouing]*
Gehirn	**brain** [brein] *[bräin]*
Geist, Verstand	**mind** [maind] *[maind]*

geistesgestört, verrückt	**insane** [insein] *[insäin]*
geistig	**mental** [mentl] *[mentl]*
geistig gesund, vernünftig	**sane** [sein] *[sain]*
Gelände	**terrain** [tərein] *[teräin]*
gelb	**yellow** [jeləʊ] *[jellou]*
Geld	**money** [mʌni] *[manni]*
Geldbörse	**purse** [pɜs] *[pöhs]*
gemein, boshaft, heimtückisch	**vicious** [viʃəs] *[wischäs]*
gemein, niederträchtig	**vile** [vail] *[wail]*
Gemeinschaftsunternehmen	**joint venture** [dʃɔintvenʃə^{r}] *[dschoint'wenschä]*
Gemütlichkeit	**gemutlichkeit** [gemütlichkeit]
gemütlich machen (sich)	**nestle** [nesl] *[nessl]*
Gericht(ssaal), (Spiel)platz	**court** [kɔːt] *[koht]*
Gerücht	**rumor** [rumə^{r}] *[ruhmä]*
Geschenk	**gift** [gift] *[gift]*
geschlossen	**closed** [kləʊzd] *[klousd]*
Geschwindigkeit	**speed** [spid] *[spihd]*
Gesicht	**face** [feis] *[fäis]*
gespalten, Spalt	**cleft** [kleft] *[kleft]*
Getreide	**cereal** [siəriəl] *[sihriäl]*
Getue (aufgeregtes), Aufregung	**fuss** [fʌs] *[fass]*
gewaltsam	**violent** [vaiələnt] *[waiälänt]*
gewaschen	**washed** [wɒʃd] *[woschd]*
Gewehrkugel	**bullet** [bʊlit] *[bulit]*
Gewehrmündung	**muzzle** [mʌzl] *[massl]*
gewöhnen (sich) an	**accustomed (to be) to** [əkʌstəmd] *[äkastemd]*
gewürzt	**spiced** [spaɪsd] *[spaisd]*
Giebel	**gable** [geibl] *[gäibl]*
gießen	**pour** [pɔː^{r}] *[pohr]*
Gift	**poison** [pɔizn] *[poisn]*

Girlande	**festoon** [festun] *[festuhn]*
Glanz	**shine** [ʃain] *[schain]*
Glanz, Ausstrahlung	**sheen** [ʃin] *[schihn]*
glänzend, prächtig	**splendid** [splendid] *[splendid]*
glasieren	**glaze** [gleiz] *[gläis]*
gleich	**equal** [ikwəl] *[ikwäl]*
Gleichheit, Nennwert	**par** [pɑ^r] *[pahr]*
gleichzeitig	**concurrent** [kənkʌr^{ə}nt] *[konkurent]*
Gletscher	**glacier** [glæsiə^r] *[gläisiä]*
glotzen	**goggle** [gɒgl] *[gogl]*
Glück	**luck** [lʌk] *[lak]*
Glückstreffer	**lucky strike** [lʌkistraik] *[lakki'straik]*
Gnade, Anmut	**grace** [greis] *[gräis]*
Goldgrube	**bonanza** [bənænzə] *[bonänzä]*
Golfplatz	**links** [liŋks] *[links]*
göttlich	**divine** [divain] *[diwain]*
Grab	**grave** [greiv] *[gräiv]*
graben	**dig** [dig] *[dig]*
grauenhaft	**gruesome** [gru:səm] *[gruhsam]*
grell, bunt, knallig	**gaudy** [gɔ:di] *[gohdi]*
Grenze	**border** [bɔdə^r] *[bohdä]*
Griechenland	**Greece** [gris] *[grihs]*
Griff, Henkel	**handle** [hædl] *[händl]*
groß, breit	**wide** [waid] *[waid]*
groß, weit	**large** [lɑdʒ] *[lahdsch]*
Großeinkauf	**spree** [spri] *[sprih]*
Großzügigkeit, Spende	**bounty** [baunti] *[baunti]*
Grube	**pit** [pit] *[pit]*
Grübchen	**dimple** [dimpl] *[dimpl]*
grün	**green** [grin] *[grihn]*
Grünspan	**verdigris** [vɜ:digris] *[vöhdigris]*
Grund	**reason** [rizn] *[rihsn]*

Grunzen, grunzen	grunt [grʌnt] *[grant]*
Gürtel	belt [belt] *[bällt]*
Gurke	cucumber [kjukʌmbəʳ] *[kjukambä]*

Haarschopf, Büschel	tuft [tʌft] *[taft]*
Habicht	hawk [hɔk] *[hohk]*
hacken, durch den Fleischwolf drehen	mince [mins] *[mins]*
Haken	hook [hʊk] *[huhk]*
Hammel, Hammelfleisch	mutton [mʌtᵊn] *[matten]*
Handel	trade [treid] *[träid]*
handeln	deal [dil] *[dihl]*
Handfläche	palm [pɑm] *[pahm]*
handlich	handy [hændi] *[händi]*
Handwerk	craft [kraft] *[krahft]*
Happen, Bissen	morsel [mɔsᵊl] *[mohsl]*
Harfe	harp [hɑp] *[hahp]*
Haufen	heap [hip] *[hihp]*
Haupt-	main [mein] *[mäin]*
Hauptmahlzeit, (Mittagessen, Abendessen)	dinner [dinəʳ] *[dinnä]*
Hauptstadt	capital [kæpitl] *[käpitl]*
Haus	house [haʊs] *[haus]*
Hausierer	pedlar [pedləʳ] *[pedlä]*
Hausschwamm	dry rot [drairɒt] *[drairot]*
Haut, Fell	skin [skin] *[skinn]*
häuten (sich)	slough [slʌf] *[slaf]*
Heck	stern [stɜːn] *[stöhn]*
Hefter	stapler [steipləʳ] *[stäiplä]*
Heideland, Hochmoor	moor [mɔːʳ] *[mohä]*
heilen	cure [kjuə] *[kjuä]*

Heiligtum, Schrein	**shrine** [ʃrain] *[schrain]*
heiraten	**marry** [mæri] *[märri]*
Heizer	**stoker** [stəʊkə^r] *[stoukä]*
Hektik, Belebtheit	**bustle** [bʌsl] *[bassl]*
Heldin	**heroin** [herəʊin] *[herouin]*
helfen	**aid** [eid] *[äid]*
hell, klar, strahlend	**bright** [brait] *[brait]*
Helm	**helmet** [helmət] *[helmät]*
Herbst	**autumn** [ɔtəm] *[ahtm]*
Herde	**flock** [flɒk] *[flok]*
Hering	**herring** [heriŋ] *[hering]*
Herrenhaus, Landgut, Rittergut	**manor** [mænə^r] *[männä]*
herumschnüffeln	**snoop** [snu:p] *[snuhp]*
herumwühlen	**scrabble** [skræbl] *[skräbbl]*
herumzupfen, herumklimpern	**strum** [strʌm] *[stram]*
Heuhaufen	**rick** [rik] *[rik]*
hineingehen, eintreten	**enter** [entə^r] *[entä]*
hinken, humpeln	**hobble** [hɑbl] *[hobl]*
hinkritzeln, Gekritzel	**doodle** [du:dl] *[duhdl]*
hinnehmen müssen, auf sich nehmen	**incur** [inkɜ:^r] *[inköhä]*
hinten	**after** [aftə^r] *[ahftä]*
hinunter, nach unten	**down** [daʊn] *[daun]*
Hinweis, Tipp, Spur	**clue** [klu:] *[kluh]*
hinzufügen	**add (to)** [æd] *[äd]*
Hirsch	**hart** [hɑt] *[haht]*
Hirse	**millet** [milit] *[millit]*
Hobby, Steckenpferd	**hobby** [hɒbi] *[hobbi]*
hoch	**high** [hai] *[hai]*
Hof	**yard** [jɑd] *[jahd]*
Hoffnung	**hope** [həʊ] *[houp]*
höflich	**polite** [pəlait] *[po'lait]*

höher	**higher** [haiə^{r}] *[haiä]*
Höhle	**cave** [keiv] *[käiv]*
Höhlenforscher	**caver** [keiv^{ə}r] *[käivä]*
Holländer	**Dutch** [dʌtʃ] *[datsch]*
Hölle	**hell** [hel] *[hell]*
Holzfäller	**logger** [lɒg^{ə}r] *[loggä]*
holzhaltig	**woody** [wʊdi] *[wuddi]*
Horizont, geistiger	**ken** [ken] *[ken]*
horizontal, waagrecht	**level** [lev^{ə}l] *[lewl]*
Hubkolben	**piston** [pistən] *[pistän]*
Hüfte	**hip** [hip] *[hip]*
Hülle, Plane, Abdeckung, Deckung	**cover** [kʌvə^{r}] *[kavä]*
hüpfen, hoppeln	**hop** [hɒp] *[hop]*
Huf	**hoof** [huf] *[huhf]*
Huhn	**chicken** [tʃikin] *[tschikn]*
Hund	**dog** [dɒg] *[dog]*
Hundeführer	**dog handler** [dɒghædl^{ə}r] *[doghändler]*
Hundeschnauze, Gewehrlauf	**muzzle** [mʌzl] *[massl]*
Hunne, Hunnin	**hun** [hʌn] *[han]*
Hupe, hupen	**hoot** [hut] *[huht]*
hupen	**toot** [tuːt] *[tuht]*
husten	**cough** [kɒf] *[kaff]*
Hut	**hat** [hæt] *[hät]*
Hymne, Kirchenlied	**hymn** [him] *[him]*
Hypothek	**mortgage** [mɔgidʒ] *[mohgidsch]*

ich	**I** [ai] *[ai]*
Ich bin ein ...	**I'm a ...** [aimə] *[aimä]*
Idee, Vorstellung	**idea** [aidiə] *[aidiä]*
Idol, Götze	**Idol** [aidl] *[aidl]*

Igel	**hedgehog** [hedʒhɒg] *[hetschhog]*
ihm	**him** [him] *[him]*
ihr	**her** [hɜːʳ] *[höhr]*
Imbiss, Speisewagen am Straßenrand, Mittagsgast	**diner** [dainəʳ] *[deinä]*
immer noch	**still**[1] [stil] *[still]*
immer, stets	**always** [ɔlweiz] *[ahlwäis]*
Ingwer	**ginger** [dʒindʒəʳ] *[dschindschä]*
innere, Innen-	**inner** [inəʳ] *[innä]*
Insekt	**insect** [insekt] *[insekt]*
installieren, einbauen	**instal(l)** [instɔːl] *[instohl]*
Intermezzo, Zwischenspiel	**interlude** [intəluːd] *[intälud]*
investieren	**invest** [invest] *[inwest]*
Irrer, verrückt	**loony** [luːni] *[luhni]*
Irrgarten, Labyrinth	**maze** [meiz] *[mäis]*
Irrtum, Fehler	**error** [erəʳ] *[errä]*

jagen	**hunt** [hʌnt] *[hant]*
Jäger	**hunter** [hʌntəʳ] *[hantä]*
jammern, lamentieren	**lament** [ləment] *[läment]*
Jugendlicher	**teenager** [tineigəʳ] *[tihnäitschä]*
Junge	**boy** [bɔi] *[boi]*

Kachel	**tile** [tail] *[tail]*
kacken, Scheiße	**crap** [kræp] *[kräp]*
Käfer	**beetle** [bitl] *[bihtl]*
Kajal	**kohl** [kəʊl] *[koul]*
Kalbfleisch	**veal** [vil] *[vihl]*
Kalk, Limone, Linde	**lime** [laim] *[laim]*
kalt	**cold** [kəʊld] [kould]

Kamel	camel [kæml] *[käml]*
Kamerad, Kerl	fellow [feləʊ] *[fellou]*
Kaminsims	mantel [mæntl] *[mäntl]*
kämmen	comb [kəʊm] *[koum]*
Kammmuschel	scallop [skæləp] *[skälep]*
Kampfer	camphor [kæmf əʳ] *[kämfä]*
Kaninchen	rabbit [ræbit] *[räbbit]*
Kapelle	chapel [tʃæpl] *[tschäpl]*
Kaplan	chaplain [tʃæplin] *[tschäplin]*
kaputt	kaputt [kəpʊt] *[käput]*
Kapuze	hood [hʊd] *[hudd]*
Karaffe	decanter [dikæntəʳ] *[dikäntä]*
karg, dürftig, spärlich	sparse [spaːs] *[spahs]*
Kartoffel	potato [pəteitəʊ] *[potäitou]*
Käse	cheese [tʃiz] *[tschihs]*
Katastrophe	disaster [dizɑstəʳ] *[disahstä]*
Kater	tom [tɒm] *[tom]*
Kätzchen	kitten [kitᵊn] *[kiten]*
kaufen	buy [bai] *[bai]*
Keller	cellar [seləʳ] *[sellä]*
Kellner	steward [stjuəd] *[stjuahd]*
Kette	chain [tʃein] *[tschäin]*
Keule, Gelenk	joint [dʃɔint] *[dschoint]*
Keule, Knüppel	club [klʌb] *[klab]*
kichern	sni(ck)gger [snigəʳ] *[snickä]*
Kind	moppet [mɒpɪt] *[mopit]*
Kind	child [tʃaild] *[tschaild]*
Kind, Jugendlicher	kid [kid] *[kid]*
Kindergarten	kindergarten [kindəgatn] *[kindägahdn]*
Kirche	kirk [kɜːk] *[köhk]*
Kiste, Schachtel	box [bɒks] *[boks]*

Klang	**sound** [saʊnd] *[saund]*
klappern (mit)	**clatter** [klætəʳ] *[klättä]*
Klavierhocker, Hocker	**stool** [stuːl] *[stuhl]*
Klebstoff, kleben	**glue** [glu] *[gluh]*
Klecks, Klaps	**dab** [dæb] *[däb]*
Kleiderbügel	**hanger** [hæŋᵊr] *[hänger]*
Kleiderschrank	**wardrobe** [wɔdrəʊb] *[wohdroub]*
klein	**little** [litl] *[litl]*
klein	**small** [smɔl] *[smohl]*
kleiner Hügel	**hummock** [hʌmək] *[hamok]*
kleines Kind	**tot** [tɒt] *[tot]*
klettern	**climb** [klaim] *[klaim]*
Klinge	**blade** [bleid] *[bläid]*
Klingel, Glocke	**bell** [bel] *[bäll]*
klingeln	**tinkle** [tiŋkl] *[tinkl]*
klirren	**clink** [kliŋk] *[klink]*
klug, gescheit	**clever** [klevəʳ] *[klewwä]*
klug, sinnvoll	**wise** [waiz] *[weis]*
(Klug-)Schwätzer	**wiseacre** [waizeikəʳ] *[weisäikä]*
Klumpen	**nugget** [nʌgit] *[nagit]*
knabbern	**nibble** [nibl] *[nibbl]*
knallen lassen	**pop** [pɑp] *[pop]*
Knäuel, Gewirr, Durcheinander	**tangle** [tæŋl] *[tängl]*
Knie	**knee** [ni] *[nih]*
Knochen	**bone** [bəʊn] *[boun]*
Knoten	**node** [nəʊd] *[noud]*
knusprig	**crunchy** [krʌntʃi] *[krantschi]*
Kobold	**sprite** [sprait] *[sprait]*
kochen	**cook** [kʊk] *[kuk]*
kochen	**boil** [bɔil] *[boil]*
Kochgeschirr, Feldkessel	**dixie** [diksi] *[diksi]*
Koffer, Schachtel, Gehäuse	**case** [keis] *[käis]*

Kohlrübe, Steckrübe	**swede** [swid] *[swihd]*
Koje	**bunk** [bʌŋk] *[bank]*
Kollege/Kollegin	**colleague** [kɒlig] *[kolihg]*
Kolonialwarenhändler, Lebensmittelhändler	**grocer** [grəʊsə^{r}] *[grousä]*
Koloss	**hulk** [hʌlk] *[halk]*
komischer Kauz, alter Knacker	**geezer** [gi:s] *[gihs]*
kommen	**come** [kʌm] *[kamm]*
königlich	**regal** [rigl] *[rihgl]*
können	**can** [kən] *[kän]*
kontrollieren, untersuchen	**inspect** [inspekt] *[inspekt]*
Kopfhaut	**scalp** [skælp] *[skälp]*
Koralle	**coral** [kɒrəl] *[koräl]*
kräftig gebaut	**husky** [hʌski] *[haski]*
kräftig, mächtig	**hefty** [hefti] *[hefti]*
Kragen	**collar** [kɒlə^{r}] *[kollä]*
Krakeeler, Schreihals	**yahoo** [jəhu] *[jehuh]*
krank	**sick** [sik] *[sik]*
krank stellen, simulieren	**malinger** [məliŋgə^{r}] *[malinger]*
Krankenschwester	**nurse** [nɜs] *[nöhs]*
Kranz	**garland** [gɑ:lənd] *[gahländ]*
Krawall, Aufstand, Randale	**riot** [raiət] *[raiet]*
Krawatte	**tie** [tai] *[tai]*
Krebs	**cancer** [kænsə^{r}] *[kansä]*
Kreis	**circle** [sɜkl] *[söhkl]*
Kreuz, Kreuzung, kreuzen	**cross** [krɒs] *[kros]*
Kreuzkümmel	**cumin** [kʌmin] *[kamin]*
Krieg	**war** [wɔ:^{r}] *[wahr]*
Krise	**crises** [kraisis] *[kraisis]*
Kröte	**toad** [təʊd] *[toud]*
Kuchen	**cake** [keik] *[käik]*
Küche	**kitchen** [kitʃn] *[kitschn]*

Küchenchef	**chef** [ʃef] *[schef]*
Kühlschrank	**fridge** [fridʒ] *[fritsch]*
Kündigung	**quit** [kwit] *[kwit]*
Künstler	**artist** [atist] *[ahtist]*
künstlich	**artificial** [atifiʃl] *[ahtifischl]*
Kürbis	**pumpkin** [pʌmpkin] *[pampkin]*
Kürbis (Zierkürbis)	**squash** [skwɒʃ] *[skwosch]*
Kuh	**cow** [kaʊ] *[kau]*
Kult, Verehrung	**cult** [kʌlt] *[kalt]*
Kumpel, Kamerad	**pal** [pæl] *[päl]*
Kunde	**customer** [kʌstəməʳ] *[kastamä]*
Kunst	**art** [ɑːt] *[aht]*
Kupfer	**copper** [kɒpəʳ] *[kopä]*
Kuppel	**dome** [dəʊm] *[doum]*
Kurbel	**crank** [kræŋk] *[kränk]*
Kurort	**spa** [spa] *[spah]*
kurz	**brief** [brif] *[brihf]*
Kurzfassung, Auszug	**digest** [daidʒest] *[daidschest]*
Kuss	**kiss** [kis] *[kis]*

Labor	**lab** [læb] *[läb]*
Lachs	**salmon** [sæmən] *[sämen]*
lackieren	**lacquer** [lækə] *[läkä]*
Ladung	**load** [ləʊd] *[lohd]*
Lage, Reihe, Sitzreihe	**tier** [tiəʳ] *[tiä]*
Land, Nation	**country** [kʌntri] *[kantri]*
Landkarte	**map** [mæp] *[mäp]*
Landstreicher	**vagrant** [veigrənt] *[wäigrännt]*
langweilig, niveaulos	**dull** [dʌl] *[dall]*
Lanze	**lance** [lænts] *[länts]*
Lärche	**larch** [lɑtʃ] *[lahtsch]*

Lärm, Krach	**noise** [nɔiz] *[nois]*
Larve	**larva** [lɑːvə] *[lahvä]*
Lastkraftwagen	**lorry** [lɒri] *[lorri]*
Lastkran, Bohrturm	**derrick** [derik] *[derik]*
lauschen	**listen** [lisn] *[lisn]*
laut	**noisy** [nɔizi] *[noisi]*
läuten, klingeln	**ring** [riŋ] *[ring]*
lauter Kuss, Schmatz(er)	**smacker** [smæk^{ə}r] *[smäkä]*
lebhaft, dynamisch	**vibrant** [vaibrənt] *[waibrännt]*
Leergewicht	**tare** [teə^{r}] *[teä]*
Lehm, Ton	**clay** [klei] *[kläi]*
Lehrling	**apprentice** [əprentis] *[äprenntis]*
Leiche	**stiff** [stif] *[stif]*
Leichenschauhaus	**morgue** [mɔg] *[mohg]*
leicht, bequem	**easy** [izi] *[ihsi]*
leiden	**suffer** [sʌfə^{r}] *[saffä]*
leihen	**lend** [lend] *[lend]*
Leinwand	**canvas** [kænvəs] *[känwäs]*
leisten (sich)	**afford sth.** [əfɔd] *[äfohd]*
Leopard	**leopard** [lepəd] *[lepäd]*
Lernstoff wiederholen	**revise** [riwaiz] *[riwais]*
Leute	**folk** [foʊk] *[fouk]*
Licht	**light** [lait] *[lait]*
Liebling	**dear** [diə^{r}] *[diä]*
liefern von Lebensmitteln	**cater** [keitə^{r}] *[käitä]*
liefern, ausliefern	**deliver** [dilivə^{r}] *[dilivä]*
liefern, bereitstellen	**supply** [səplai] *[seplai]*
Linse	**lens** [lenz] *[lenz]*
Lippe, Rand	**lips** [lips] *[lips]*
loben	**praise** [preiz] *[prais]*
Loch	**hole** [həʊl] *[houl]*
lockerlassen, lockern	**slacken** [slæk^{ə}n] *[släcken]*

London	**London** [lʌndin] *[landin]*
Lorbeer	**laurel** [lɔrl] *[lohrl]*
lösen (Rätsel)	**solve** [sɒlv] *[solv]*
Löwe	**lion** [laiən] *[laien]*
lückenhaft, periodisch	**intermittent** [intəmit^{ə}nt] *[intämitent]*
Luft	**air** [eə^r] *[eä]*
Luftwaffe	**air force** [eə^{r}fɔs] *[eäfohs]*
Lust	**lust** [lʌst] *[last]*
lustig, vergnügt	**jolly** [dʃɔli] *[dscholli]*
Lutscher, Einfaltspinsel	**sucker** [sʌkə^r] *[sakä]*

machen	**make** [meik] *[mäik]*
Macht	**power** [paʊə^r] *[pauä]*
Mädchen	**girl** [gɜl] *[göhl]*
Mädchen	**lassie** [læsi] *[lässi]*
Malz	**malt** [mɔːlt] *[mohlt]*
mampfen, geräuschvoll kauen	**munch** [mʌnʃ] *[mansch]*
Mandel	**almond** [amənd] *[älmend]*
Mangel, Knappheit	**lack** [læk] *[läk]*
Manieren	**manners** [mænə^{r}z] *[männäs]*
Mantel	**coat** [kəʊt] *[kout]*
Mappe	**folder** [fəʊldə^r] *[fouldä]*
Marder	**marten** [mɑt^{ə}n] *[mahten]*
Marke	**brand** [brænd] *[bränd]*
marschieren	**march**[1] [mɑtʃ] *[mahtsch]*
Märtyrer	**martyr** [mɑtə^r] *[mahtä]*
März	**march**[2] [mɑtʃ] *[mahtsch]*
Marzipan	**marzipan** [mɑzipæn] *[mahsipän]*
Maschine	**engine** [endʒin] *[entschin]*
Masse, große Menge	**bulk** [bʌlk] *[balk]*
mästen	**fatten** [fæt^{ə}n] *[fätten]*

Mauer	**wall** [wɔːl] *[wohl]*
Maus	**mice** [mais] *[mais]*
Maus	**mouse** [maʊs] *[maus]*
Maut	**toll** [təʊl] *[toul]*
Meckerei, meckern	**grouse** [graʊs] *[graus]*
Medaille	**medal** [medl] *[mäddl]*
Meerenge	**strait** [streit] *[sträit]*
Meerschweinchen	**cavy** [keivi] *[käiwi]*
Mehl	**flour** [flaʊəʳ] *[flauä]*
mehr, noch mehr	**more** [mɔʳ] *[moä]*
mein(e)	**my** [mai] *[mai]*
Meise	**titmouse** [titmaʊs] *[tittmaus]*
(die) meisten, meist	**most** [məʊst] *[moust]*
Meister	**master** [mastəʳ] *[mastä]*
Menschenmenge	**crowd** [kraʊd] *[kraud]*
Metallfolie, Folie	**foil** [fɔil] *[foil]*
mieten	**hire** [haiᵊr] *[haiä]*
mieten	**rent** [rent] *[rent]*
Mikrofon, Mikro	**mike** [maik] *[maik]*
Milbe	**mite** [mait] *[mait]*
Milch	**milk** [milk] *[milk]*
minus	**minus** [mainəs] *[maines]*
missbrauchen	**abuse** [əbjus] *[ebjuhs]*
misslingen	**fail** [feil] *[fail]*
missmutig, verdrossen, schlecht gelaunt	**moody** [muːdi] *[muhdi]*
Mitglied	**member** [membəʳ] *[membä]*
Mitleid, Erbarmen, Gnade	**mercy** [mɜsi] *[möhsi]*
Mittag	**noon** [nun] *[nuhn]*
Mittagessen	**lunch** [lʌntʃ] *[lantsch]*
Mitte, Mittelteil	**middle** [midl] *[middl]*
Mittwoch	**wednesday** [wenzdi] *[wennsdi]*

Möbel	**furniture** [fɜniʃə^{r}] *[föhrnitschä]*
Mode	**fashion** [fæʃn] *[fäschn]*
Modell (für Porträts)	**sitter** [sitə^{r}] *[sitä]*
modern	**modern** [mɒd^{ə}n] *[moden]*
Mönch, Bettelmönch	**friar** [fraiə] *[fraiä]*
Mond	**moon** [mun] *[muhn]*
Monster	**monster** [mɒnstə^{r}] *[monstä]*
Mord, Ermordung	**murder** [mɜːdə^{r}] *[möhdä]*
Mörder	**killer** [kilə^{r}] *[killä]*
Moschee	**mosque** [mɒsk] *[mask]*
Moschus	**musk** [mʌsk] *[mask]*
Motor	**motor** [məʊtə^{r}] *[moutä]*
Möwe	**sea gull** [sigʌl] *[sihgal]*
müde, schläfrig machen, schlummern	**drowse** [draʊz] *[draus]*
Müll, Abfall	**trash** [træʃ] *[träsch]*
Mülleimer	**bin laden** [bin leid^{ə}n] *[bin'läiden]*
Müllsack	**bin liner** [bin lainə^{r}] *[bin'lainä]*
mündlich	**verbal** [vɜːb^{ə}l] *[wöhbl]*
Münze	**coin** [kɔin] *[koin]*
müssen	**must** [mʌst] *[mast]*
Mundharmonika	**mouth organ** [maʊɵɔːgən] *[mausohgn]*
Murmel, Marmor	**marble** [mɑːbl] *[mahbl]*
Muschel	**clam** [klæm] *[kläm]*
Muschel	**shell** [ʃel] *[schell]*
Muschel (Miesmuschel)	**mussel** [mʌsl] *[massl]*
Muskel	**muscle** [mʌsl] *[masl]*
Mutter	**mother** [mʌðə^{r}] *[massä]*
Myrrhe	**myrrh** [mɜː^{r}] *[möhä]*
mystisch, geheimnisvoll	**mystic** [mistik] *[misdik]*

nach acht	**after eight** [aftəʳ eit] *[ahftä' äit]*
nachlassen, zu Ende gehen	**peter out** [pitəʳaʊt] *[pitä aut]*
Nacht	**night** [nait] *[nait]*
Nachtschicht	**night shift** [naitʃift] *[naitschifft]*
Nackenrolle, stützen	**bolster** [bəʊlstəʳ] *[boulstä]*
nackt	**nude** [njud] *[njuhd]*
nahe, in der Nähe	**near** [niəʳ] *[niäh]*
nähern (sich)	**approach** [əprəʊtʃ] *[äproutsch]*
nämlich	**namely** [neimli] *[näimli]*
Nasennebenhöhle	**sinus** [sainəs] *[saines]*
Naturwissenschaft	**science** [saiəns] *[saiens]*
Nebel	**fog** [fɑg] *[fog]*
Nebel	**mist** [mist] *[mist]*
nebeneinander	**abreast** [əbrest] *[ebrest]*
Nebenhandlung	**subplot** [sʌbplɒt] *[sabplot]*
nehmen	**take** [təik] *[täik]*
Neid	**envy** [envi] *[enwi]*
nervös sein, aufregen	**fluster** [flʌstəʳ] *[flastä]*
Netto	**net** [net] *[nett]*
neueste(r)	**recent** [risnt] *[rihsnt]*
neugierig	**curious** [kjʊəriəs] *[kjuriäs]*
neun	**nine** [nain] *[nain]*
neunzig	**ninety** [nainti] *[nainti]*
Nichte	**niece** [nis] *[nihs]*
nichts, Null	**nil** [nil] *[nil]*
Niere	**kidney** [kidni] *[kidni]*
nippen, Schlückchen	**sip** [sip] *[sip]*
Nonnen-Schleier	**wimple** [wimpl] *[wimpl]*
nörgeln	**grouch** [graʊtʃ] *[groutsch]*
Notiz	**note** [nəʊt] *[nout]*
Nudeln	**pasta** [pæstə] *[pästa]*
nüchtern, sachlich	**sober** [səʊbəʳ] *[soubä]*

Nüsse	**nuts** [nʌts] *[nats]*
Nutte	**hooker** [hʊkər] *[hukä]*

Oase	**oasis** [əʊeisis] *[oäisis]*
Oberfläche	**surface** [sɜːfis] *[söhfis]*
Ochse	**bullock** [bʊlək] *[bullok]*
oder	**or** [ɔː^{r}] *[oäh]*
Ofen, Herd	**stove** [stəʊv] *[stouv]*
offen, aufrichtig	**frank** [fræŋk] *[fränk]*
offensichtlich	**obvious** [ɒbviəs] *[obwiäs]*
oft	**often** [ɒf^{ə}n] *[offen]*
Ohr	**ear** [iər] *[ihä]*
Ohrläppchen	**earlobe** [iə^{r}ləʊb] *[ihäloub]*
Öl	**oil** [ɔil] *[oil]*
Onkel	**uncle** [ʌnkl] *[ankl]*
Opal	**opal** [əʊp^{ə}l] *[oupel]*
Opfer	**victim** [viktim] *[wiktim]*
optisch, Seh...	**optic** [ɒptik] *[optik]*
Orchesterprobe	**rehearsal** [rihɜsl] *[rihöhsl]*
Ordnung	**order** [ɔder] *[ohdä]*
Ordnung machen, in O. bringen	**neaten** [niːt^{ə}n] *[nihten]*
Orgel, Organ	**organ** [ɔgən] *[ohgen]*
oval	**oval** [əʊvl] *[ouvl]*

Paar	**pair** [pe^{ə}r] *[pär]*
Paket, Päckchen	**parcel** [pɑs^{ə}l] *[pahsel]*
Panda	**panda** [pændə] *[pändä]*
Panzer	**mail**[1] [meil] *[mäihl]*
Papa	**dad** [dæd] *[däd]*
Papagei	**parrot** [pærət] *[pärret]*

passen	**fit** [fit] *[fit]*
Patzer, Mist bauen	**goof** [guf] *[guhf]*
Pause, Unterbrechung	**intermission** [intəmiʃn] *[intämischn]*
peinlich, verlegen, beschämend	**embarrassing** [imbærəsiŋ] *[imbäresing]*
Peitsche	**whip** [wip] *[wip]*
pendeln	**shuttle** [ʃʌtl] *[schattl]*
Pennen	**kip** [kip] *[kip]*
Person, die eine Diät macht	**slimmer** [slimə^r] *[slimä]*
Pfadfinder	**scout** [skaʊt] *[skaut]*
Pfahl, Marterpfahl	**stake** [steik] *[stäik]*
Pfanne	**pan** [pæn] *[pän]*
Pfarrer, Pastor	**pastor** [pɑstə^r] *[pahstä]*
pfiffig, schlau	**smart** [smɑt] *[smaht]*
pflastern	**pave** [peiv] *[päiv]*
Pförtner, Platzanweiser	**usher** [ʌʃər] *[aschä]*
Pfosten	**stile** [stail] *[stail]*
Pfosten, Pfahl	**post** [pəʊst] *[poust]*
Pfütze	**puddle** [pʌdl] *[paddl]*
Pilz	**mushroom** [mʌʃrʊm] *[maschruhm]*
plärren	**blare** [bleə^r] *[bleä]*
Posaune	**trombone** [trɒmbəʊn] *[tromboun]*
Post	**mail**[2] [meil] *[mäihl]*
Postbote, Briefträger	**mailman** [meilmæn] *[mehlmän]*
predigen	**preach** [pritʃ] *[prihtsch]*
Preis	**price, prize** [prais] *[prais]*
Preiselbeeren	**cranberry** [krænbəri] *[kränbärri]*
Prise	**dash** [dæʃ] *[däsch]*
Pudel	**poodle** [pudl] *[puhdl]*
Puffer, Prellbock	**buffer** [bʌfə^r] *[baffä]*
Pulver	**powder** [paʊdə^r] *[paudä]*
Puppe	**doll** [dɒl] *[doll]*
Python	**python** [paiθən] *[paisn]*

Quadrat	**square** [skweəʳ] *[skweä]*
Quatsch	**tosh** [tɔʃ] *[tosch]*
quatschen, Schwatz	**natter** [næteʳ] *[nättä]*
Quecksilber	**mercury** [mɜkjᵉri] *[möhkjuri]*
Quelle, Ursprung	**source** [sɔs] *[sohs]*
quetschen, drücken	**squeeze** [skwiz] *[skwihs]*

Rabe	**corbie** [kɒbi] *[kohbi]*
Rakete	**rocket** [rɒkit] *[rokit]*
Rang	**rank** [ræŋk] *[ränk]*
Rasenmäher	**mower** [məʊər] *[mouä]*
rasieren	**shave** [ʃeiv] *[schäiv]*
Rassel	**rattle** [rætl] *[rättl]*
Rate, Quote	**rate** [reit] *[räit]*
Ratschlag	**advice** [ədvais] *[äd'weis]*
Ratte	**rat** [ræt] *[rätt]*
rauben, berauben	**rob** [rɒb] *[rob]*
Raum	**room** [rum] *[ruhm]*
(Rau-)Reif	**rime** [raim] *[raim]*
rauswerfen	**sling** [sliŋ] *[sling]*
rebellieren	**revolt** [rivəʊlt] *[riwoult]*
rechnen, ausrechnen	**compute** [kəmpjut] *[kompjuht]*
Rechnungsprüfer	**auditor** [ɔditər] *[ohditer]*
Redner, Lautsprecher	**speaker** [spikəʳ] *[spihkä]*
Rednertribüne	**rostrum** [rɔstrəm] *[rostrum]*
Reetdach	**thatch** [θætʃ] *[dätsch]*
Regen	**rain** [rein] *[räin]*
regieren	**govern** [gʌvn] *[gawn]*
Reh, Hirsch	**deer** [diəʳ] *[diä]*
reif	**mellow** [meləʊ] *[mellou]*
Reifen	**hoop** [hup] *[huhp]*

Reifen (Autoreifen)	**tyre** [taiə^{r}] *[taiä]*
Reiher	**heron** [her^{ə}n] *[hehren]*
reinigen, säubern, (sich) läutern	**cleanse** [klenz] *[klenz]*
Reis	**rice** [rais] *[rais]*
Reise	**trip** [trip] *[tripp]*
Reise, Tour	**tour** [tɔː^{r}] *[tuhä]*
Reißzwecke, kurzer Nagel	**tack** [tæk] *[täk]*
Rennen, Wettlauf	**race** [reis] *[räis]*
richtig, passend, geeignet	**proper** [prɒpə^{r}] *[proppä]*
Riemen	**strap** [stræp] *[sträp]*
Riese	**giant** [dʒaiənt] *[dschaiänt]*
Rindfleisch	**beef** [bif] *[bihf]*
Rinnstein, Dachrinne	**gutter** [gʌt^{ə}r] *[gattä]*
Ritter	**knight** [nait] *[nait]*
Rohr	**tube** [tjub] *[tjuhb]*
rollend	**rolling** [rəʊliŋ] *[rouling]*
rollende Steine	**rolling stones** [rəʊliŋstəʊns] *[rouling stouns]*
Rollmops	**rollmop(s)** [rəʊlmɒp] *[roulmop]*
Rost	**grate** [greit] *[gräit]*
Rost	**rust** [rʌst] *[rast]*
rot	**red** [red] *[räd]*
Rotkehlchen	**robin** [rɒbin] *[robbin]*
Ruck, Schubs	**shove** [ʃʌv] *[schof]*
Rucksack	**rucksack** [rʌksæk] *[ruksäk]*
Ruder	**oar** [ɔ^{r}] *[oä]*
Rübe	**beet** [bit] *[biht]*
Rücken, zurück	**back** [bæk] *[bäk]*
Rückkehr	**return** [ritɜn] *[ritöhn]*
Rührbesen	**beater** [bitə^{r}] *[bihtä]*
Ruhe, Windstille	**calm** [kaːm] *[kahm]*
ruhig	**steady** [stedi] *[steddi]*

ruhig, geräuschlos	**silent** [sailənd] *[sailent]*
Rundholz	**spar** [spaʳ] *[spahr]*
rundlich	**tubby** [tʌbi] *[tabbi]*

sabbern, tropfen, dribbeln	**dribble** [dribl] *[dribbl]*
sagen	**tell** [tel] *[tell]*
Samstag	**saturday** [sætədi] *[sätedi]*
Sarg	**coffin** [kɒfin] *[kaffin]*
sauber	**clean** [klin] *[klihn]*
sauer	**sour** [saʊəʳ] *[sauä]*
Sauerkraut	**sauerkraut** [saʊəkraʊt] *[sauäkraut]*
saugen	**suck** [sʌk] *[sak]*
Schädel	**skull** [skʌl] *[skall]*
Schaden, Unglück	**harm** [hɑm] *[hahm]*
Schadenfreude	**schadenfreude** [ʃɑdnfrɔidə] *[schadenfroide]*
Schaf	**sheep** [ʃip] *[schihp]*
Schäfer	**shepherd** [ʃeped] *[scheppät]*
schälen	**peel** [pil] *[pihl]*
schämen (sich)	**ashamed** [əʃeimd] *[äschäimd]*
Schande	**shame** [ʃeim] *[schäim]*
scharf	**sharp** [ʃɑːp] *[schahb]*
Schatten	**shade** [ʃeid] *[schäid]*
Scheibe	**disc** [disk] *[disk]*
Scheibenwischer	**wiper** [waipəʳ] *[waipä]*
Scheißkerl	**bugger** [bʌgəʳ] *[baggä]*
Scherbe, (Glas-)Splitter	**shard** [ʃɑːd] *[schahd]*
scherzen, spaßen	**frolic** [frɔlik] *[frolik]*
Scheuklappen	**blinker** [bliŋkəʳ] *[blinkä]*
Schiff, Gefäß	**vessel** [vesᵊl] *[wessel]*
Schiffsreise	**cruise** [kruz] *[kruhs]*

Schildkröte	**turtle** [tɜtl] *[töhtl]*
Schinken	**ham** [hæm] *[häm]*
Schlacht	**battle** [bætl] *[bätl]*
Schläfe, Tempel	**temple** [templ] *[templ]*
Schlag, Klaps	**slap** [slæp] *[släpp]*
schlagen	**hit** [hit] *[hit]*
schlagen, stoßen	**strike** [straik] *[straik]*
Schläger (Sport)	**racket** [rækit] *[räkkit]*
Schlamm, Sumpf	**mire** [maiə] *[maiä]*
Schlampe, Nutte	**tart**[2] [tat] *[taht]*
Schlange	**snake** [sneik] *[snäik]*
Schlauch	**hose** [həʊz] *[hous]*
schleichen, anschleichen	**sidle** [saidl] *[saidl]*
Schleier	**veil** [veil] *[veil]*
schlendern, trotten	**amble** [æmbl] *[ämbl]*
Schlepper	**tout** [taʊt] *[taut]*
schließen	**close** [kləʊz] *[klous]*
Schließfach, Spind	**locker** [lɒkə^{r}] *[lockä]*
Schlittschuh	**skate** [skeit] *[skäit]*
Schlitz, Geldschlitz	**slot** [slɒt] *[slott]*
Schlucht	**glen** [glen] *[glen]*
Schluck, schlucken	**gulp** [gʌlp] *[galp]*
Schlüsselblume	**cowslip** [kaʊslip] *[kauslip]*
Schlummer, schlummern	**slumber** [slʌmbə^{r}] *[slambä]*
schmecken, probieren	**taste** [teist] *[täist]*
schmelzen	**melt** [melt] *[melt]*
Schmerz, plötzlicher	**pang** [pæŋ] *[päng]*
Schmerzen	**pain** [pein] *[päin]*
Schmierfett, einfetten	**grease** [gri:s] *[grihs]*
schmieriger Typ	**sleaze** [sli:z] *[slihs]*
Schmöker	**tome** [təʊm] *[toum]*
schmollen, eingeschnappt sein	**sulk** [sʌlk] *[salk]*

Schnake	**daddy longlegs** [dædilɔŋlegz] *[dädilongflägs]*
schnarchen	**snore** [snɔːʳ] *[snohä]*
Schnecke	**snail** [sneil] *[snäil]*
schneiden	**cut** [kʌt] *[kat]*
Schneider	**tailor** [teiləʳ] *[täilä]*
schön	**pretty** [priti] *[pritti]*
Schorle	**spritzer** [spritsəʳ] *[spritzä]*
Schornstein	**chimney** [tʃimni] *[tschimni]*
Schottenkaro, Schottenstoff	**tartan** [tatᵊn] *[tahten]*
schräg, schief	**aslant** [əslant] *[äslahnt]*
Schraubenschlüssel	**spanner** [spænəʳ] *[spännä]*
Schraubstock	**vice** [vais] *[wais]*
Schrei	**scream** [skrim] *[skrihm]*
schrumpelig	**weazen** [wizn] *[wihsn]*
schüchtern, scheu	**shy** [ʃai] *[schai]*
schüchtern, unscheinbar	**mousy** [maʊsi] *[mausi]*
Schüler	**pupil** [pjupl] *[pjuhpill]*
Schürhaken	**poker** [pəʊkəʳ] *[poukä]*
Schüssel	**bowl** [bəʊl] *[boul]*
Schüssel, Schale	**dish** [diʃ] *[disch]*
schützen	**shelter** [ʃeltəʳ] *[scheltä]*
Schuh	**shoe** [ʃu] *[schuh]*
Schuld	**debt** [det] *[det]*
schulden, verdanken	**owe** [əʊ] *[ou]*
Schule	**school** [skul] *[skuhl]*
Schuppen (Kopf)	**dandruff** [dændrəf] *[dändref]*
Schutzschild, Wappenschild	**shield** [ʃiːld] *[schihld]*
schwach, kläglich	**feeble** [fibl] *[fihbl]*
Schwalbe	**martin** [mɑtin] *[mahtin]*
Schwamm	**sponge** [spʌndʒ] *[spondsch]*
schwanger	**pregnant** [pregnənt] *[pregnänt]*

schwarz	**black** [blæk] *[bläk]*
schwatzen, plaudern	**chatter** [tʃætə^{r}] *[tschättä]*
Schwein	**pig** [pig] *[pig]*
schweißen, Schweißnaht	**weld** [weld] *[weld]*
Schweißer(in)	**welder** [weldə^{r}] *[welder]*
Schwester	**sister** [sistə^{r}] *[sistä]*
Schwierigkeiten, Ärger, Sorge	**trouble** [trʌbl] *[trabbl]*
schwinden, sich vermindern	**dwindle** [dwindl] *[dwindl]*
schwül, drückend	**muggy** [mʌgi] *[maggi]*
Schwuler	**faggot** [fægət] *[fäget]*
See	**lake** [ləik] *[läik]*
See	**loch** [lok, lox] *[loch]*
Seehund, Robbe	**seal** [sil] *[sihl]*
segeln	**sail** [seil] *[säil]*
segnen	**bless** [bles] *[bles]*
sehen	**see** [si] *[sih]*
Sehkraft	**sight** [sait] *[sait]*
sehnen (sich)	**hanker** [hæŋkə] *[hänkä]*
sehnen (sich)	**pine** [pain] *[pain]*
Seide	**silk** [silk] *[silk]*
Seidenpapier, Papiertaschentuch	**tissue** [tiʃuː] *[tischuh]*
Seife	**soap** [səʊp] *[soup]*
Seite	**page** [peidʒ] *[päitsch]*
Sekte	**sect** [sekt] *[sekt]*
setzen, stellen, legen	**put** [pʊt] *[put]*
sie	**she** [ʃi] *[schih]*
Sieger	**victor** [viktə^{r}] *[wiktä]*
Silber	**silver** [silvə^{r}] *[silvä]*
Sinn	**sense** [sens] *[sens]*
Sinus	**sine** [sain] *[sain]*
Sohn	**son** [sʌn] *[sann]*
solche(r, s)	**such** [sʌtʃ] *[satsch]*

sollte	**should** [ʃʊd] *[schud]*
Sommersprossen	**freckle** [frekl] *[frekl]*
Sonne	**sun** [sʌn] *[san]*
Sorgen machen (sich)	**fret** [fret] *[fret]*
sorgenfrei	**carefree** [keəfri] *[keähfrih]*
Sozius	**pillion** [piliən] *[piliän]*
Spalt	**fissure** [fiʃə^{r}] *[fischä]*
spalten (sich), aufteilen, zerreißen	**split** [split] *[split]*
Spaltung	**fission** [fiʃ^{ə}n] *[fischen]*
Späne, Kartoffelchips, Pommes frites	**chips** [tʃipz] *[tschips]*
Spargelspitzen	**asparagus spears** [əspærəgəs spiə^{r}] *[äspärägus spiäs]*
Spaten	**spade** [speid] *[späid]*
Spatz, Sperling	**sparrow** [spærəʊ] *[spärrou]*
spenden	**donate** [dəʊneit] *[dounäit]*
Spiegel	**mirror** [mirə^{r}] *[mirrä]*
Spinne	**spider** [spaidə^{r}] *[spaidä]*
Spinnennetz	**web** [web] *[webb]*
Spion	**spy** [spai] *[spai]*
Sponsor, Geldgeber	**backer** [bækə^{r}] *[bäkä]*
Sprache	**language** [læŋgwiɪʒ] *[längwitsch]*
sprudeln, zischen (Getränk)	**fizz** [fiz] *[fiss]*
Sprunggelenk	**hock** [hɑkl] *[hok]*
Spülung, Klospülung, Wallung, Rausch	**flush** [flʌʃ] *[flasch]*
Spur	**hint** [hint] *[hint]*
Spur, Pfad, Weg	**track** [træk] *[träk]*
Stadt	**city** [siti] *[siti]*
städtisch	**civic** [sivik] *[siwik]*
Staffelei	**easel** [iz^{ə}l] *[ihsl]*
Stahl	**steel** [stil] *[stihl]*

Stall	**hutch** [hʌtʃ] *[hatsch]*
Stall	**stable** [steibl] *[stäibl]*
Stammbaum	**pedigree** [pedigri] *[pedigrih]*
Stapel	**stack** [stæk] *[stäk]*
Staub	**dust** [dʌst] *[dast]*
stechen	**stab** [stæb] *[stäb]*
Stechginster	**furze** [fəz] *[föhs]*
Stelzen	**stilt** [stilt] *[stillt]*
Stern	**star** [stɑʳ] *[stah]*
Steuer, Abgaben	**levy** [levi] *[lewi]*
Steuern	**tax** [tæks] *[täks]*
steuern, lenken	**steer** [stiəʳ] *[stiä]*
Steuerruder	**helm** [helm] *[helm]*
Stich	**sting** [stiŋ] *[sting]*
Stift	**pen** [pen] *[penn]*
Stil	**style** [stail] *[stail]*
Stille, Schweigen	**hush** [hʌʃ] *[hasch]*
Stimme	**voice** [vɔis] *[wois]*
Stirnrunzeln	**frown** [fraun] *[fraun]*
stöbern	**browse** [braʊz] *[braus]*
Stock	**stick** [stik] *[stik]*
stocken, nachlassen	**falter** [fɔːltəʳ] *[fohltä]*
Stockente	**mallard** [mælɑːdʳ] *[mälahd]*
Stoff, Gewebe	**fabric** [fæbrik] *[fäbrik]*
Stoff, Materie	**matter** [mætəʳ] *[mättä]*
stolz, hochmütig	**proud** [praʊd] *[praud]*
Stör	**sturgeon** [stɜːdʒᵊn] *[stöhtschön]*
Storch	**stork** [stɔːk] *[stohk]*
stören	**disturb** [distɜb] *[distöhb]*
strahlen vor Freude, Lichtstrahl	**beam** [bim] *[biem]*
Straßenmusik machen	**busk** [bʌsk] *[bask]*
Straßenräuber	**mugger** [mʌgəʳ] *[magä]*

Streben	**pursuit** [pəsjut] *[pösjuht]*
Streich, gelungener	**coup** [kuː] *[kuh]*
Streichholz	**match** [mætʃ] *[mätsch]*
Streifen, Geschenkband, Ordensband	**ribbon** [rib^{ə}n] *[ribben]*
Streit	**quarrel** [kwɒr^{ə}l] *[kwaräl]*
Streit, Auseinandersetzung	**row** [rəʊ] *[rou]*
Streit, Streitgespräch	**moot** [mut] *[muht]*
Streit, Zwist, Kampf	**strife** [straif] *[straif]*
Streithahn	**wrangler** [ræŋlə^{r}] *[ränglä]*
Strumpf	**stocking** [stɒkiŋ] *[stoking]*
studieren	**study** [stʌdi] *[staddi]*
stumm	**dumb** [dʌm] *[dam]*
stumpf	**blunt** [blʌnt] *[blant]*
Sturzbach	**torrent** [tɒr^{ə}nt] *[torent]*
Stute, Eselin	**mare** [meə^{r}] *[meä]*
Sünde	**sin** [sin] *[sinn]*
sündhaft, sündig	**sinful** [sinf^{ə}l] *[sinful]*
summen	**hum** [hʌm] [*hamm]*
Sumpf	**marsh** [mɑʃ] *[mahsch]*
Sumpf	**sump** [sʌmp] *[samp]*
Sumpf, Sumpfloch	**slough** [slaʊ] *[slau]*

Tag	**day** [dei] *[däi]*
Taktstock	**baton** [bæt^{ə}n] *[bäten]*
Tal	**valley** [væli] *[wälli]*
Tal (kleines Tal)	**dell** [del] *[del]*
Tanne	**fir** [fɜ^{r}] *[föhr]*
Tante	**aunt** [ɔnt] *[ahnt]*
Tanz, tanzen	**dance** [dɑːnts] *[dahnts]*
tapfer	**brave** [breiv] *[bräiv]*

Tasche, Beutel	**bag** [bæg] *[bäg]*
Taschentuch	**handkerchief** [hæŋkətʃif] *[hänketschif]*
Tasse	**cup** [kʌp] *[kap]*
Tat, Handlung	**act** [ækt] *[äkt]*
Taube	**dove** [dʌv] *[dav]*
Taucherflossen	**flippers** [flipə^{r}s] *[flipäs]*
Teedose	**caddy** [kædi] *[käddi]*
teilen	**share** [ʃeə^{r}] *[scheä]*
teilen (sich), gliedern (sich)	**divide** [divaid] *[diwaid]*
Teller	**plate** [pleit] *[pläit]*
Teppich	**carpet** [kapit] *[kahpit]*
Teufel	**devil** [devl] *[däwl]*
Tiger	**tiger** [taigə^{r}] *[taigä]*
Tinte, Tusche	**ink** [iŋk] *[ink]*
Tisch	**table** [teibl] *[täibl]*
Tochter	**daughter** [dɔtə^{r}] *[dohtä]*
Tod	**death** [deθ] *[däs]*
Toilette	**rest room** [restrum] *[restruhm]*
tolerant, liberal, aufgeschlossen	**liberal** [lib^{ə}r^{ə}] *[liberäl]*
Toner, Gesichtswasser	**toner** [təʊnər] *[tounä]*
Tönung, (Haare) tönen	**tint** [tint] *[tint]*
Topf	**pot** [pɒt] *[pot]*
Töpfer	**potter** [pɒtə^{r}] *[pottä]*
Tor	**gate** [geit] *[gäit]*
Tor	**goal** [gəʊl] *[goul]*
Törtchen	**tart**[1] [tat] *[taht]*
Tragekorb	**pannier** [pæniə^{r}] *[päniä]*
tragen	**carry** [kæri] *[käri]*
Träne	**tear** [tiə^{r}] *[tihä]*
trauern	**mourn** [mɔːn] *[mohn]*
Treibstoff	**fuel** [fjuəl] *[fjuhäl]*

Trick	**trick** [trik] *[trik]*
trillern	**trill** [tril] *[trill]*
trinken, Getränk	**drink** [driŋk] *[drink]*
Trinkspruch	**toast** [təʊst] *[toust]*
trocken	**dry** [drai] *[drai]*
Trödler	**broker** [brəʊkə^{r}] *[broukä]*
Trommler	**drummer** [drʌme^{r}] *[drammä]*
Tropfen	**drop** [drɒp] *[drop]*
Trottel	**booby** [bu:bi] *[buhbi]*
trotz	**despite** [dispait] *[dispait]*
Truthahn	**turkey** [tɜki] *[töhki]*
Turm	**tower** [taʊə^{r}] *[tauä]*
Turmspitze	**spire** [spaiə^{r}] *[spaiä]*
Turnhalle	**gymnasium** [dʒimneiziəm] *[dschümnäisiem]*
Türschloss	**lock** [lɒk] *[lok]*

übergießen	**souse** [sɔs] *[sohs]*
übrig bleiben	**remain** [rimein] *[rimäin]*
übrig haben	**spare** [speə^{r}] *[speä]*
Ufer	**bank** [bæŋk] *[bänk]*
Uhr	**watch** [wɒtʃ] *[wotsch]*
Uhr	**clock** [klɒk] *[klok]*
Umarmung, umarmen, herzen	**hug** [hʌg] *[hag]*
umdrehen	**turn** [tɜn] *[töhn]*
Umlaufbahn	**orbit** [ɔbit] *[ohbit]*
umrühren	**stir** [stɜ^{r}] *[stöhä]*
umwerfen	**topple** [tɒpl] *[toppl]*
unbedeutend, kleiner	**minor** [mainə^{r}] *[mainä]*
unfair behandeln	**victimize** [viktimaiz] *[wiktimais]*
ungepflegte Person	**sloven** [slʌv^{ə}n] *[slafen]*

unser	**our** [aʊəʳ] *[auä]*
unterdrücken, niederschlagen	**quell** [kwel] *[kwell]*
Unterhemd	**vest** [vest] *[vest]*
Unternehmen, Projekt	**venture** [ventʃəʳ] *[wentschä]*
Unternehmen, Vorhaben	**enterprise** [entəpraiz] *[entäprais]*
Unterrichtsstunde, Schulstunde	**lesson** [lesᵊn] *[lessn]*
unterstützen	**support** [səpɔt] *[sepoht]*
unvermittelt, überhastet	**sudden** [sʌdᵊn] *[sadden]*
unverschämt	**impertinent** [impətinənt] *[impöhdinent]*
Urteil	**verdict** [vɜːdikt] *[vöhdikt]*

Vater	**father** [fɑðəʳ] *[fahdä]*
Veganer, vegan	**vegan** [viːgən] *[wihgen]*
Verbindung	**link** [liŋk] *[link]*
Verbot	**interdiction** [intədikʃən] *[intädiktschön]*
Verbrecher, Schurke	**villain** [vilən] *[wilen]*
verbreiten (durch Radio)	**broadcast** [brɔdkast] *[broadkahst]*
verbreitern, erweitern	**widen** [waidᵊn] *[waiden]*
verdammen	**damn** [dæm] *[dämm]*
verderben	**spoil** [spɔil] *[spoil]*
Verfasser, Autor	**writer** [raitəʳ] *[raitä]*
Verfassung, Zustand	**condition** [kəndiʃᵊn] *[kondischen]*
verfault, modrig	**rotten** [rɒtn] *[rottn]*
verfluchen	**curse** [kɜs] *[köhs]*
Vergangenheit	**past** [pɑst] *[pahst]*
vergleichen	**compare** [kɔmpɜə] *[kompeä]*
vergolden	**gild** [gilt] *[gilt]*
verhätscheln, verwöhnen	**pamper** [pæmpəʳ] *[pämpä]*
verhindern, abhalten	**deter** [ditɜːʳ] *[ditöhä]*

verkaufen	**sell** [sel] *[sell]*
verklagen	**sue** [suː] *[suh]*
verlangen	**demand** [dimɑnd] *[dimahnd]*
verlassen	**leave** [liv] *[lihv]*
Verleiher	**lender** [lendər] *[lendä]*
Verlobung	**affiance** [əfaiəns] *[äfeiäns]*
vermisst, fehlend	**missing** [misiŋ] *[mising]*
vermitteln, übermitteln	**impart** [impɑːt] *[impaht]*
vernachlässigen	**neglect** [niglekt] *[niglekt]*
verneinen	**deny** [dinai] *[dinai]*
vernünftig	**sensible** [sensibl] *[sensibl]*
Verpflichtung	**commitment** [kəmitmənt] *[kommitment]*
verscheuchen	**shoo** [ʃu] *[schuh]*
verschlingen	**engulf** [ingʌlf] *[ingolf]*
verschlingen (gierig)	**gobble** [gɒbl] *[gobbl]*
verschmutzen, schmutzig machen	**muddy** [mʌdi] *[madi]*
verschütten	**spill** [spil] *[spill]*
verschwinden	**vanish** [væniʃ] *[wännisch]*
Versicherung	**insurance** [inʃʊərən(t)s] *[inschuhränz]*
Versprechen	**promise** [prɒmis] *[promis]*
Versprechen, Gelöbnis, Schwur	**vow** [vaʊ] *[wau]*
versteckt	**hidden** [hidən] *[hidden]*
verstehen	**understand** [ʌndəstænd] *[andäständ]*
verstreuen, Müll	**litter** [lit ər] *[littä]*
Verteidigung	**defence** [difens] *[difens]*
Vertrauen, vertrauen	**trust** [trʌst] *[trast]*
Verwandter	**kinsman** [kinzmæn] *[kinsmän]*
verwickeln, hineinziehen	**involve** [invɒlv] *[inwolf]*
verzeihen, entschuldigen	**pardon** [pɑdən] *[pahden]*
verzweifeln	**desperate** [despərət] *[desperät]*
Vieh (Rindvieh)	**cattle** [kætl] *[kätl]*

viel	**much** [mʌtʃ] *[matsch]*
vielleicht	**maybe** [meibi] *[mäibih]*
vierteln, Viertel	**quarter** [kwɔtəʳ] *[kwohtä]*
Villa	**mansion** [mænʃᵊn] *[menschn]*
Vokal, Selbstlaut	**vowel** [vaʊəl] *[vauel]*
voraus	**forward** [fɔwəd] *[fohwed]*
Voraussetzung, Annahme	**assumption** [əsʌmʃᵊnʃ] *[äsamtschen]*
vorgetäuscht	**sham** [ʃæm] *[schäm]*
vorhanden	**exist** [igzist] *[igsist]*
vormittags	**a.m.** [eiəm] *[äiäm]*
Vorrat	**stock**[2] [stɒk] *[stok]*
vorwerfen, tadeln	**blame** [bleim] *[bläim]*

Wachmann, Sicherheitsbeamter	**guard** [gɑːd] *[gaad]*
wachsen	**grow** [grəʊ] *[grou]*
wackeln, schwänzeln	**wiggle** [wigl] *[wigl]*
wacklig gehen	**dodder** [dɒdəʳ] *[doddä]*
Wahl	**election** [ilektʃn] *[i'lektschn]*
Wahl	**option** [ɒpʃᵊn] *[opschn]*
während	**whereas** [weəræz] *[weääs]*
Wahrheit	**truth** [truθ] *[truhs]*
Wald	**forest** [fɒrist] *[forist]*
Walzer	**waltz** [wɒls] *[wols]*
Wanderer	**hiker** [haikəʳ] *[haikä]*
Wäschetrockner, Föhn	**dryer** [draiᵊr] *[draiä]*
Waschlappen	**wimp** [wimp] *[wimp]*
Wasser	**water** [wɔtəʳ] *[wohtä]*
Wasserkocher	**kettle** [ketl] *[ketl]*
Weber	**weaver** [wivəʳ] *[wihvä]*
Wehr, Stauwehr	**weir** [wiəʳ] *[wiä]*
wehtun, verletzen	**hurt** [hɜt] *[höht]*

Weichling, Waschlappen	**sissy** [sisi] *[sissi]*
weiden, Weide	**pasture** [pɑstʃəʳ] *[pahstschä]*
Weiler	**hamlet** [hæmlət] *[hämlet]*
Wein	**wine** [wain] *[wain]*
weinen	**cry** [krai] *[krai]*
Weinrebe	**vine** [vain] *[wein]*
weiß	**white** [wait] *[wait]*
weit, breit, allgemein	**broad** [brɔd] *[brohd]*
welken, verblassen	**fade** [feid] *[fäid]*
wenn nicht	**unless** [ənles] *[änless]*
wer	**who** [hu] *[huh]*
werden	**become** [bikʌm] *[bikamm]*
werfen	**cast** [kɑst] *[kahst]*
West	**west** [west] *[west]*
wetten	**bet** [bet] *[bett]*
wieder zu sich kommen	**revive** [rivaiv] *[rivaiv]*
Wiege	**cradle** [kreidl] *[kräidl]*
Wiese	**meadow** [medəʊ] *[mädou]*
willkührlich, zufällig	**random** [rændəm] *[rändem]*
wimmern	**whimper** [wimpəʳ] *[wimpä]*
Wimpel, Fähnchen	**pennon** [penən] *[pennän]*
Wind	**wind** [wind] *[wind]*
Windschatten	**lee** [li] *[lih]*
Windstoß, Böe	**gust** [gʌst] *[gast]*
Wippe	**seesaw** [sisɔ] *[sihsoh]*
wirksam	**effective** [ifektv] *[i'fektiv]*
wissenschaftliche Dichtung	**science fiction** [saiəns fikʃᵊn] *[saiens fiktschen]*
wohlerzogen	**well-bred** [welbred] *[wellbred]*
Wohnviertel, oberer Stadtteil	**uptown** [ʌptaʊn] *[aptaun]*
Wolke	**cloud** [klaʊd] *[klaud]*
wollen	**want** [wɒnt] *[wahnt]*

Würfel	**cube** [kjub] *[kjub]*
Würste	**sausages** [sɒsidʃis] *[sosidschis]*
würzig	**spicy** [spaɪsi] *[spaisi]*
Wüste	**desert** [dezət] *[dessät]*
wütend	**furious** [fjuəriəs] *[fjuriäs]*
wütend	**livid** [livid] *[liwid]*
Wunder	**wonder** [wʌndə^r] *[wondä]*
Wunderkind	**wunderkind** [wʊndə^{r}kind] *[wundäkind]*
Wunsch	**desire** [dizaiə^r] *[disaiä]*
Wunsch, wünschen	**wish** [wiʃ] *[wisch]*
Wut	**fury** [fjʊəri] *[fjuri]*
zähflüssig	**viscous** [viskəʊs] *[wiskous]*
Zähler, Messuhr	**meter** [miːte^r] *[mihtä]*
zart, weich	**tender** [tendə^r] *[tendä]*
Zauberstab	**wand** [wɒnd] *[wahnd]*
Zaubertrank	**philtre** [filtə^r] *[filtä]*
Zaun	**fence** [fens] *[fens]*
Zeder, Wacholder	**cedar** [siːdə^r] *[sihdä]*
Zehe	**toe** [təʊ] *[tou]*
zeichnen	**draw** [drɔː] *[droh]*
Zeitgeist	**zeitgeist** [tsaitgaist] *[tsaitgaist]*
zerstören	**destroy** [distrɔi] *[distroi]*
Zeug	**stuff** [stʌf] *[staff]*
Zeugenaussage, Beweis	**evidence** [evidəns] *[ewidäns]*
Ziege	**goat** [gəʊt] *[gout]*
Ziegelstein, Backstein	**brick** [brik] *[brik]*
ziehen	**pull** [pʊl] [pull]
Zimmermann	**carpenter** [kapintə] *[kahpentä]*
Zitrone	**lemon** [lemən] *[lemmän]*

zittern	**shiver** [ʃifə^{r}] *[schiwä]*
zivil	**civil** [siv^{ə}l] *[siwill]*
Zobel	**sable** [seibl] *[saibl]*
Zoohandlung	**pet shop** [petʃɒp] *[petschap]*
Zufluchtsort	**haven** [heiv^{ə}n] *[häiven]*
Zunge	**tongue** [tʌŋ] *[tang]*
zurückbleiben	**retard** [ritɜn] *[ritahd]*
zurzeit	**currently** [kʌr^{ə}ntli] *[karäntli]*
Zusammenfassung	**recap** [rikæp] *[rihkäp]*
Zuwanderer	**migrant** [maigrænt] *[maigränt]*
Zweifel	**doubt** [daʊt] *[daut]*
Zwiebel	**onion** [ʌniən] *[aniän]*
zwingen, etwas zu tun	**compel** [kəmpel] *[kumpel]*
zwinkern, blinzeln	**blink** [bliŋk] *[blink]*

Ein bisschen Grammatik zum Schluss

Reime

The question »who?« – The answer »you«.
The question »where?« – The answer »there«.

»Yesterday«, »ago« und »last«,
erfordern stets das »simple past«.

»Ever«, »never«, »yet«, »so far« –
»present perfect«, ist doch klar.

»He«, »she«, »it«, ein »s« muss mit.
Oder:
»He«, »she«, »it«, no »s« is shit.
Oder auch:
The »s« must sit – with »he«, »she«, »it«!

»Did« und Grundform ist die Norm,
nach »did« steht nie die »past tense«-Form.

With »who« never to do.

»Sometimes«, »always«, »never«, »just« –
stets nur vor das Zeitwort passt.

Satzbau

Im Englischen ist immer die

Straßen	Verkehrs	Ordnung

also:

Subjekt	Verb	Objekt

zu beachten.

SPOMPT ist ein Akronym, das man sich aber ziemlich gut einprägen kann. Es hilft dabei, sich die richtige Wortstellung im englischen Satz einzuprägen. Die normale Stellung der Wörter im englischen Satz sieht so aus:

Subject	Subjekt
Predicate	Prädikat
Object	Objekt
Manner	Art und Weise
Place	Ort
Time	Zeit

Besonders wichtig ist, dass der Ort vor der Zeit steht, was man sich so merken kann, dass im Alphabet das »O« vor dem »Z« kommt.

Wie unterscheidet man »much« und »many«?
»Matsch« kann man nicht zählen,
»Manni« (= Geld) aber schon.

Kurioses

Der englische Satz:

»The quick brown fox jumps over the lazy dog«

enthält jeden Buchstaben des Alphabets!

Biebelrieder Dreieck =

People read a dry egg!

(Aussprachen-Merkhilfe für das Autobahndreieck in der Nähe von Würzburg)

Oliver Geisselhart, Deutschlands Gedächtnistrainer Nr. 1, laut ZDF

Dipl.-Betrw. Oliver Geisselhart ist einer der erfolgreichsten Topreferenten und Gedächtnistrainer in ganz Europa. Er war bereits 1983, mit 16 Jahren, Europas jüngster Gedächtnistrainer. Der mehrfache Bestsellerautor ist Top 100 Speaker und Lehrbeauftragter der Wirtschaftsuniversität Seekirchen bei Salzburg. Seine »Geisselhart-Technik des Gedächtnis- und Mentaltrainings« gilt unter Experten als die praxisorientierteste. Der »Gedächtnis-Papst« (TV HH1) versteht es, in unnachahmlicher Weise mit Witz, Charme und Esprit seine Zuhörer zu begeistern, zu motivieren und zu Gedächtnisbenutzern zu machen. Dies brachte ihm schon im Jahr 2000 den Titel »Gedächtnistrainer des Jahres« ein.

Aufgrund seiner hervorragenden Speaker-Leistungen wurde ihm bereits dreimal in Folge (2008, 2009 und 2010) der Oscar der Kongress- und Veranstaltungsbranche, der »Conga Award« verliehen.

Bekannt durch ARD, ZDF, RTL, VOX, HR3, SWR1, Bild, Capital, FAZ, Freundin, die Welt usw. wird Oliver Geisselhart weltweit von Firmen wie Bosch, IBM, DekaBank, BASF, Microsoft, Lufthansa, BMW u. v. a. m. für Mitarbeiter- und Kundenveranstaltungen gebucht. Dabei fasziniert er die Teilnehmer in nahezu comedyhafter Vortragsweise.

Stimmen zu Oliver Geisselhart

»Ihr Vortrag war der beste, den ich je erlebte.« Stefan Janoske, INPERSO GmbH.

»Ich habe gelacht und gelernt. Und das mit über 2000 anderen, Kompliment.« Massimo Gallo, Zeppelin University.

»... waren unsere 200 Verkäufer von Ihnen, dem Vortragsinhalt und Ihrer motivierend-entertainigen Art begeistert.« Detlef Schmidt-Wilkens, Tecis-Finanzdienstleistungen AG

»... die Teilnehmeranzahl von 1100 Personen hat alle vorherigen Veranstaltungen um 30 Prozent übertroffen. Diese beeindruckende Steigerung hat sicher mit Ihrer Person und dem attraktiven Thema zu tun.« Michael Kaiser, Volksbank Backnang eG

Buchen Sie Oliver Geisselhart für Ihre:

- Tagungen
- Kongresse
- Incentives
- Vertriebsmeetings
- Jubiläen
- Kick-offs
- Produktschulungen/-präsentationen
- Vorstandsversammlungen
- Mitarbeiter-/Regionalmeetings
- Jahresabschlusstreffen
- Umstrukturierungsmaßnahmen
- Kundenseminare/-veranstaltungen

Sehr effektiv ist ein mitreißender Vortrag als »Eisbrecher« zu Beginn größerer Veranstaltungen, als »Espresso« nach der Mittagspause oder als Bindeglied zwischen der fachlichen Tagesveranstaltung und dem unterhaltsamen Abendprogramm.

Vorträge, Workshops und Seminare mit Oliver Geisselhart für Ihren Spitzenerfolg

- **Kopf oder Zettel?** – Ihr Gedächtnis kann wesentlich mehr, als Sie denken!
- **Souverän freie Reden halten** – Die Power der Memo-Rhetorik
- **So merke ich mir Namen und Gesichter** – Namen waren Schall und Rauch
- **Gedächtnis-Power für Verkäufer** – Mehr verkaufen durch mentale Gedächtnistechniken
- **Verkaufserfolg beginnt im Kopf** – Gedächtnispower für Verkäufer

Risikofrei: Sie erhalten die TEAMGEISSELHART-Erfolgsgarantie. Das bedeutet für Sie: Sie bezahlen nur, was es Ihnen wirklich wert war. Sie können also nur gewinnen. Ob Sie nun Ihre Belegschaft, Kunden, Freunde oder Geschäftspartner weiterbilden und motivieren oder sich bei einer Veranstaltung vom Wettbewerb positiv abheben wollen – die Begeisterung Ihrer Teilnehmer ist Ihnen sicher.

Fordern Sie gern Ihr unverbindliches Angebot an:

TEAMGEISSELHART GmbH
Stolzestraße 15
44139 Dortmund
Tel.: 0231 952567-92
info@kopferfolg.de
www.kopferfolg.de

Helmut Lange

Diplom-Pädagoge und Diplom-Sozialpädagoge Helmut Lange ist Seminarleiter und Trainer in den Bereichen Teamcoaching, Selbstmanagement und Gedächtnistraining in Deutschland und Österreich. Er hat einen Lehrauftrag an der Universität Nürnberg. Als Veranstalter von Gedächtnismeisterschaften und als Gedächtnistrainer zeigt er jedes Mal auf beeindruckende Weise, wie mit nur wenigen Stunden Training die Gedächtnisleistung sprunghaft ansteigt.

Nach einem Besuch seiner Infotainment-Seminare sind 200 bis 400 Prozent Steigerung der Gedächtnisleistung an der Tagesordnung. Dabei vermittelt er Lernmethoden, die schon seit Hunderten von Jahren existieren und erst jetzt wieder zu neuem Leben erweckt werden.

Top-Seminare zum Thema:

Lernen wie die Gedächtnisweltmeister

(Seminar für Lehrer: Wie trainiere ich meine Schüler?)

Effektiver Umgang mit der Informationsflut

(Seminar für Firmen: Informationen schneller und dauerhafter abspeichern)

Kontakt:

Helmut Lange
Bamberger Str. 17a
96049 Bamberg
0171 4588027
info@lange-partner-online.de
www.schluesselwortmethode.de